理解
·
现实
·
困惑

近现代宁波籍编辑与中国文艺现代化

张文鸯 著

中国纺织出版社有限公司

内 容 提 要

编辑出版行为深刻地影响着文学的发展，尤其是作为发挥主体性作用的人——编辑的作用不容忽视。本书通过考察张静庐、唐弢、邵洵美、楼适夷、柔石、巴人六位近现代宁波籍编辑的出版实践和文学活动，着力书写他们作为编辑的事迹钩沉与文化贡献，从而观照中国现代文艺的发生与演变。

图书在版编目 (CIP) 数据

近现代宁波籍编辑与中国文艺现代化 / 张文莺著 .
北京 : 中国纺织出版社有限公司, 2024.11.--ISBN 978-7-5229-2123-5

Ⅰ . K825.42；I209.6

中国国家版本馆 CIP 数据核字第 2024W8M749 号

责任编辑：关雪菁　李文潇　　　　　责任校对：寇晨晨
责任印制：王艳丽

中国纺织出版社有限公司出版发行
地址：北京市朝阳区百子湾东里 A407 号楼　邮政编码：100124
销售电话：010—67004422　传真：010—87155801
http://www.c-textilep.com
中国纺织出版社天猫旗舰店
官方微博 http://weibo.com/2119887771
北京华联印刷有限公司印刷　各地新华书店经销
2024 年 11 月第 1 版第 1 次印刷
开本：710×1000　1/16　印张：11.5
字数：142 千字　定价：88.00 元

凡购本书，如有缺页、倒页、脱页，由本社图书营销中心调换

绪 论
近现代宁波籍编辑群体的形成与发展

五四运动后随着新文化运动的蓬勃兴起，书报刊在开启民智和传播新知识、新思想、新文化方面的作用备受国人瞩目，出版业得到飞速发展。文艺活动是集文艺创作、传播、阅读消费和批评反馈于一体的社会活动，文艺家、文艺媒介出版家、读者和批评家都是文艺活动的主体。进入现代社会以后，中国现代文艺萌生、发展离不开现代文艺报刊的传播功能，大众传播媒介把大量文艺作品推向社会、推向读者，为中国文艺现代化作出了不朽贡献。宁波历来学风浓郁，学者辈出，宁波籍学人受"浙东学派"熏陶，对著书、文化和学问始终心存敬畏和向往，他们著书立说，创办、经营报刊，涌现出了如张静庐、唐弢、邵洵美、楼适夷、柔石、巴人（王任叔）等一批杰出的编辑家。他们创办现代文艺期刊，编辑新文艺作品，传播新文艺审美理念的现代意识，在新文艺发展史上留下浓墨重彩的一笔。

20世纪二三十年代，上海独特的都市空间和便利的国际交流环境为出版业的发展创造了有利条件。有这么一群宁波籍文化人士，他们揖别明山甬水，来到一苇可航的上海，以刚毅坚韧的性情特点和冒险开拓精神，通过文学社团、杂志、报纸和出版机构，不仅带动整个报刊业的革新，还以其强大的文化感受力涵养文学流派，探索和传播文学主张，为中国近现代出版史和中国文艺现代化发挥了巨大的作用。编辑出版行为深刻地影响着文学的发展，尤其是作为发挥主体性作用的人——编辑的作用不容忽视。以编辑个体为中心，考察编辑出版行为之于现代新文学的意义，并不亚于从时代背景、政治因素和文学文本构成去审视文学。更何况，这一编辑群体中的大多数人，不仅仅是单纯的编者，同时还是著者。他们将文学的生产、助动和传播等角色集于一身，使得编辑出版行为与文学活动互动热烈、互渗共生，极大地推动中国文艺的现代化进程。

一、近现代宁波籍编辑群体形成的地域文化基因

文化是有地域性的，地域文化以一种"集体无意识"的方式，潜移默化地影响和制约着该区域人的思维、认知、心理和性格的生成和发展（黄健，2008）。当整体文化出现失落而产生变革时，地域文化便成为文化内部最具潜力和最活跃的因素。

（一）"浙东学派"的思想影响与精神传承

"最近三十年思想之变迁，虽波澜一日比一日壮阔，内容一日比一日复杂，而最初的原动力，我敢用一句话来包举它，是残明遗献之复活"（梁启超，朱维铮，1985）。梁启超所谓"残明遗献"主要指的就是"浙东学派"。"浙东学派"在继承儒学传统的基础上，认为道德的实现不能只依靠个体的伦理完善，更重要的是增进社会成员的道德自觉，从而能凝聚成为社会的共识，达到实现国富民强的目标。"浙东学派"代表人物为王阳明和黄宗羲，其"知行合一"与"经世致用"思想，更是成为宁波籍学人普遍遵守的为学原则，并对他们的思想、人格和人生实践产生重大影响。

（二）"西学东渐"后开启民智意识的增强

明清以来，随着西方殖民主义对东方的侵略，以科学技术为主要内容的西学向古老的中国发起了冲击。洋务运动则推进了"西学东渐"，使对

封建教育的改革由议论走向实践，开始仿效西方国家创办新式学堂，开展留学教育，并最终引发了新文化运动。开启民智，实行启蒙，使文化教育界处于前所未有的活跃气氛之中。第一次鸦片战争结束后，宁波成为东南五口之一，西方传教士在宁波创办起150多所洋学堂，如浙江第一所洋学堂、中国第一所女子学堂、浙江第一所男子洋学堂等。这些教会学校在进行殖民主义文化教育的同时，客观上也为宁波培养了文化人才。

（三）宁波独有的海洋文化特质

宁波是河姆渡文化的发祥地，唐朝后期，明州港（今宁波港）已成为对日交流的主要港口。宁波开埠较早，外来文化涌入也早，加上濒海的地理位置，具有明显的海洋文化特质。海洋文化是一种鲜明的商业文化，它以大海为背景，大度、创新，它的包容性和多元性，使作为"舶来品"的外来文化与宁波地域文化交融互补、兼容并蓄，使之糅合成为勇于创新、敢为人先、担当务实的文化特质。

二、近现代宁波籍编辑群体形成的时代背景

（一）新印刷技术的传入和民营出版业的兴起

鸦片战争后，随着新印刷技术的大量引进，手工印刷被迅速淘汰，这为书籍报刊的大量出版创造了条件，也为中国近现代机械印刷技术和整个出版事业的发展奠定了基础。铅排印刷技术大大缩短了出版周期，成倍地提升出版的信息量，文化传播效应增强，传播速度加快。新印刷技术也降低了出版成本，促进了民营出版业的兴起和发展，并成为中国出版业的主导力量。商务印书馆、中华书局等著名出版机构在其崛起与扩张之时，培养了一大批杰出的编辑家，其中不乏宁波籍人士。

（二）新文化运动对出版业的推进

新文化运动和文学革命，对于催生中国新文学的意义是重大的，它从思想上、理论上动摇了延续几千年的封建文化根基，沉重打击了没落的旧文学体系，为构建一种全新的具有现代意义的新文学体系提供了充足的理论准备，打下了坚实的基础（王嘉良，2009）。"甲午战争后，近代出版编辑技术以全新姿态出现在近代社会变革的图景之中，为文化启蒙运动和出版产业化注入了革命性的因素"（施威等，2015）。文化与出版息息相关，五四新文化运动依靠出版而开展得如火如荼，反过来，又推动出版的兴旺发达。"出版业近代化的一个重要标志，即它参与乃至引领时代思潮"（夏慧夷，2014）。尤其是一大批文化界思想界泰斗式人物，如陈独秀、胡适、鲁迅等，成为出版活动在近代社会转型中有力的推动力量，他们将出版作为开启民智、改造社会的职业和理想。陈独秀创办的《新青年》宣传民主、科学，抨击传统伦理道德，提倡文学革命，掀起巨大的思想解放运动，并引发书刊出版的"井喷"。五四运动后全国出版的各类期刊达到几百种，宣传自由思想解放和社会科学图书大量出版。

（三）上海成为新文学运动的中心

新式出版离不开大都市的经济、商业、交通和文化环境，上海是当时中国出版业的中心。同时，上海乃八方商贾荟萃之地，宁波与之地缘相近，且人文相亲，可谓一苇通航。至清末，在上海的宁波人已经达到40万，约占当时上海居民总数的1/3，到20世纪30年代，旅沪宁波人已达百万之众。宁波籍商业巨子在上海的航运业、轻工业、棉纺织业等方面具有举足轻重的地位，他们在商界的雄厚实力也给宁波籍编辑家们在出版业上的建树带来积极的影响，因为他们中的大多数是通过亲友从宁波来到上海打拼，然后在上海这座出版的中心城市将事业做得风生水起。五四运动落潮后，富有变革精神的新文学作家，纷纷南下到上海、广州等革命气氛高涨的城市。大革命失败后，左联的成立，掀起了声势浩大的左翼文艺运动，成为当时中国唯一的文艺运动，上海因此也成为中国新文学运动的中心。

三、近现代宁波籍编辑的文化精神

近现代宁波籍编辑深受"浙东学派"的熏陶、海洋文化的浸润和西学东渐的影响，强调"经世致用"，关注现实政治事务和社会民生，敢为人先，开拓创新，见利思义，谋求出版救国，这已经凝练成为他们的精神共性。

（一）敢为天下先的文化创新精神

宁波人敢为天下先。这种可贵的开拓精神使宁波籍编辑家们在编辑出版领域中领风气之先，他们在行业内创造了多个"第一"、多个"之最"。如鲍咸昌作为商务印书馆的缔造者之一，栉风沐雨、砥砺前行，带领商务同人将最初一个小小的印刷作坊，逐步发展成为中国首屈一指的出版机构，为开启民智、昌明教育、普及知识、传播文化、辅助学术作出重要贡献。自成立起到1919年，商务印书馆已经创造了出版的 23 个"第一"，"以其历史之悠久，经营之成功，书刊之众多，影响之广泛，在近现代出版史上，无有出其右者"（吴永贵，2011）。张静庐是一位有远见、有胆魄的出版家，其大胆创新的编辑理念非常突出。他与人合办的光华书局，是上海第一家专出新文艺书刊的出版机构；他创办的上海杂志公司，是我国第一家以代订、代办、代理杂志发行业务为专业的新型书店。邵洵美创办的图书时代公司名下的《时代漫画》是民国时期我国出版时间最长、影响也最大的漫画刊物。金臻庠的《时事公报》是民国时宁波报刊史上刊行时间最长、发行量最多、社会影响最广的报纸。历代文人重视乡贤遗著和乡邦文献者不乏其人，但像张寿镛那样凭一己之力独自编刻《四明丛书》极为罕见。

（二）见利思义的文化自觉与责任担当

"出版社有两副根本面目，理想的一面和商业的一面，一家出版社的名声在很大程度上取决于二者的调和程度"（戴仁，2000）。近代出版史上几大出版机构如商务印书馆、中华书局、世界书局等，都得益于其主持人不仅仅是一位持筹握算的生意人，同时更是一位具有文化理想和文化自觉的出版人。张静庐（2019）在自传中有精彩的论述："钱，是一切商业行为的总目标。然而，出版商人似乎还有比钱更重要的意义在上面。以出版为手段而达到赚钱的目的；和以出版为手段，而图实现其信念与目标而获得相当报酬者，其演出的方式相同，而其出发的动机完全两样。"正因为如此，他才敢自信地宣布："我是'出版商'而不是'书商'。"这番论述彰显其作为出版人强烈的文化自觉和责任担当，这份自觉和担当也造就了他在中国文化史和出版史上的地位。邵洵美虽算不上是一位特别成功的出版家，但其毁家兴书，"为文化"而出版的理念更显示其文化人格的高洁。张寿镛编刻《四明丛书》，更是凭个人心力，无论誊写、雕版、印刷，都没有得到政府的资助。

（三）救亡图存的爱国情怀

编辑出版大家张元济先生认为，"出版之事可以提携多数国民，似比教育少数英才尤为重要"。民国时期的宁波籍编辑家们也是抱着"救亡图存"的爱国情怀，利用书刊传播载体，在开启民智、抵御外来侵略上发挥自己的作用。张静庐的上海杂志公司在抗战期间出版大量宣传抗日救亡的书刊，总计出书上千种。商务印书馆在遭到毁灭性的轰炸后，提出"为国难而牺牲，为文化而奋斗"的复兴口号，彰显拳拳报国之心。邵洵美以各种笔名在《自由谭》上刊发富有战斗气息的短论，揭露日寇的暴行和汉奸的无耻行径；同时，他借《自由谭》向读者推荐毛泽东的《论持久战》，称它是一部"人人能了解,人人能欣赏,万人传颂,中外称赞"的作品(周兴华,2009),并将其在英文版上连载。左翼文艺的蓬勃开展,文艺主潮日渐强化"救亡意识"和阶级要求,新文学的主导倾向逐渐实现了由个性解放向阶级解放、民族解放的转化,新文学的主题也不再是单纯的"人的文学",而是有了更为丰富的内涵。柔石在小说创作方面,是左联青年小说家中的代表,他为坚持自己的信仰而献出了年轻的生命。楼适夷和巴人在上海"孤岛"时期,在革命文学和鲁迅先生文化精神的影响下,在极端困难和危险的环境中,拿起笔,坚持文化抗战,表现出极大的理论自觉性和创作先导性。巴人的杂文高举"鲁迅风"大旗,他和唐弢一起,为编辑鸿篇巨著《鲁迅全集》呕心沥血,立下了金石之功。

马克斯·韦伯(1998)指出,与学者相比,出版人士所承担的责任"不但毫不逊色,而且较学者有过之而无不及"。在近现代社会转型中,新出版的主潮、历史进程与整个社会以及思想文化的近代进程是高度一致的(王建辉,1999)。其主要原因就在于有一群包括宁波籍编辑在内的有识之士,将出版作为开启民智、坚持革命、改造社会的"促媒和助动器"。他们为后世留下了深厚的文学积淀,今天的出版人可以从他们身上汲取营养,发扬光大。

目　录

第一章　张静庐：新文艺作品的出版大家

第一节　"学生意"学出个小说迷 / 003

第二节　泰东书局：创造社的摇篮 / 007

第三节　光华书局：创造社的托儿所 / 012

第四节　上海杂志公司：文学论战的舆论场 / 017

第二章　唐弢：鲁迅风骨的追随者

第一节　"搦锄头柄人家"走出来的书生 / 029

第二节　《自由谈》主笔和《周报》主编 / 032

第三节　编佚《鲁迅全集》/ 035

第四节　编辑《文汇报·笔会》/ 042

第三章　邵洵美：千金散尽的诗人出版家

第一节　狮吼社：与出版结缘 / 047

第二节　金屋书店：唯美文学的实践 / 051

第三节　时代图书公司：文化期刊的出版与变革 / 057

第四节　《论语》：幽默半月刊的闲谈古今 / 063

第五节　《自由谭》：诗人出版家的文化抗战 / 069

第四章　楼适夷：革命文艺的拓荒者

第一节　首个编辑阵地：主编《上海通信图书馆月报》／077

第二节　流亡日本：推介普罗文艺运动／080

第三节　革命文艺走向成熟：主笔《文艺新闻》／084

第四节　坚守"孤岛"：《文艺阵地》的抗战文艺／091

第五节　国际文艺的译介者：从《在人间》到《艺术论》／099

第五章　柔石：左翼刊物的耕耘者

第一节　刚柔并济的左翼文学青年／107

第二节　编辑《朝花》和《语丝》／115

第三节　在文学作品中建构个性精神／125

第四节　编辑"左联"机关刊物《萌芽》月刊／130

第六章　巴人：文化论战的先锋

第一节　在宁波初涉出版／139

第二节　主持出版《鲁迅全集》／145

第三节　文艺副刊《燧火》《大家谈》的"鲁迅风"／148

第四节　"孤岛"时期主笔《申报·自由谈》／151

第五节　文学理论大厦的奠基与构建／156

参考文献／161

后记／169

第一章

张静庐：新文艺作品的出版大家

第一节 "学生意"学出个小说迷
第二节 泰东书局：创造社的摇篮
第三节 光华书局：创造社的托儿所
第四节 上海杂志公司：文学论争的舆论场

张静庐（1898—1969），原名张继良，镇海龙山镇人（今属慈溪），我国近现代著名出版家、近现代出版史研究的先驱者。张静庐早年在天津《公民日报》担任编辑，后进入上海泰东图书局，先后参与创办光华书局、现代书局、上海联合书店以及国内首家专营杂志业务的上海杂志公司，这些中小书局曾以鲜明的特点在出版文化史上占有一席之地。张静庐主持经营过许多文艺期刊，为中国现代文学的发展提供了平台。在书刊发行上，张静庐的上海杂志公司将一切新书、杂志都摊放起来，欢迎没有钱买书的读者自由翻阅，此举开风气之先。作为一位只读过6年小学的出版人，张静庐用自身的坚韧与努力创造了一段出版业的传奇，他负责编印的大量新文艺作品，从出版视域描绘了中国现代文学发展的历史图景。

第一节 "学生意"学出个小说迷

一、"棋盘街巡阅使"

1898年4月张静庐出生于镇海县的龙山镇,这个小镇是张静庐心中仅有的一片净土,没有灾害,没有战事,没有盗患和匪祸。张静庐的父亲生长在贫苦的佃农家里,没怎么念过书,只是"念雨书"的:晴天里下田做工,逢下雨的时候才到私塾去认字。这是当时贫苦子弟们唯一的读书机会。张静庐在兄弟姊妹中是最小的一个,排行老七,由于家境贫寒,他仅接受过6年学校教育,就不得不走上"学生意"的道路。

在青少年时代,张静庐便对图书产生了一种特殊的感情。1912年,15岁的张静庐在上海的一家烧酒行当学徒,每天下班回住所时都要从上海棋盘街(图1-1)的各个书店门口经过。棋盘街是当时上海书业聚集之地,大小书店、出版社林立。张静庐总是隔着玻璃窗对店内的图书流连忘返。时间久了,同事们便给他起了个绰号叫"棋盘街巡阅使"。他在烧酒行里做学徒工,每天重复倒夜壶、擦水烟袋、扫地抹桌等苦差。在这种苦闷而艰难的日子里,张静庐晚上仍然熬夜读书,乐此不疲。他常常蜷缩在自己的床上,翻看一本又一本小书。有一天,他看到一本商务印书馆出版的由恽铁樵主编的《小说月报》,像发现了宝贝一般,疯狂地阅读书里的外国小说。从此,翻译家林琴南这个名字深深地烙在他的心中。他还非常喜欢徐啸天主编的《眉语》、李定夷主编的《小说新报》等。他一边干活,一边自修文言文,幻想有朝一日能成为商务印书馆的练习生,甚至是出版人。

图 1-1 民国时期的上海棋盘街

二、初尝出版的坎坷

不久,张静庐离开烧酒行,来到他哥哥与人合伙开设的洋纸号店里当学徒。在生活条件仍然艰难的情况下,张静庐把积攒下来的钱全部用来购买自己喜爱的图书和杂志。他在阅读小说和杂志的同时,慢慢地,开始尝试创作并投稿。17 岁那年,张静庐尽管没有任何编辑出版的知识和经验,却并未因此瞻前顾后、裹足不前,他大胆创办了一张小报《小上海》。遗憾的是,《小上海》刚出版几期就被当局勒令停刊。"因为报上刊登了一篇从《医药杂志》里译来的一篇关于性问题的文章,就被公共租界工部局以'妨害风化'罪勒令停闭"。对此,张静庐(2019)颇有怨言:"这时我们政府同租界当局的协定还未签订，会审公廨的审判官完全以陪审领事的意志为意志，奉行的是一种工部局特别替住居租界殖民地的民众所订的'奴隶法律'，被告的百姓是没有上诉权的。其实也毋须乎上诉，反正以他们的喜怒哀乐为标准，碰你的运气吧！"

张静庐并未因此而灰心丧气，接着又借了钱，另外出版了两种自办的杂志：一是《小说林》，二是《滑稽林》。因为是第一次涉足书报发行，毫无经验，加上没有认识的书店店员，也就没有代理发行的杂志公司，所有的工作只能是自己亲力亲为。每当杂志出版之后，张静庐就拿几百本，委托马路上的各个报摊及书店代销。按他自己的话说，"就这样随随便便地交给他几十本、几百本，自己没有送书的回单，也不曾向别人要回一张收条。而他们呢，似乎欺我年轻不懂事，也没有给我一张收货条子"。最后的结果可想而知，到了月底，该收的书款一无所得。张静庐在交足了"学费"之后，背一身的债务，回到乡下老家。第一次尝试出版发行书刊的失败，让张静庐认识到"代理发行"的重要性，同时也立下志愿，要替有出版兴趣而又没有发行经验的人们解决问题。首次尝试出版虽很快就以失败告终，但为张静庐以后从事出版发行工作积累了最初的职业经验，从中也可以看出他在编辑出版领域的热忱和胆识。

随后，张静庐北上天津，入职《公民日报》任副刊编辑。当时的《公民日报》是反对袁世凯帝制阴谋的华北国民党机关报，设在日租界旭街。在袁世凯暴卒后，黎元洪接任大总统，讨袁行动告一段落，报馆遂从天津搬到北平；张勋复辟前夜，《公民日报》停刊，张静庐再次回到乡下老家。

三、参加请愿运动

在乡下老家的日子，张静庐做过镇海觉民小学的国文教员，也到过山东做贩卖枣子的小贩，还在津浦运输公司充任文牍。1919年，父亲不幸过世，又恰逢张静庐的第一个孩子出生，生活窘迫的张静庐寄居在老家龙山，依靠哥哥的接济过日子。张静庐面对这悲剧的家庭，下定决心要离开，再度到外面去闯荡。而1919年的初春，这个国家也像是这位抑郁困顿的青年，同样对未知的前路充满了迷茫与焦虑。五四运动爆发后，伴随着运动的风起云涌，张静庐（2019）也开始热血沸腾了，"像我这样抱着一肚子抑郁，燃沸了一身热血的青年，更赋予莫大的同情。再也不愿忍受下去了，我要冲破这封建的樊笼，我要改造恶劣的环境，用我的血和力，创造新生命"。于是张静庐向姐姐借了三块钱，悄悄地回到上海。此时，上海为响应五四运动爆发了"六三运动"——罢市、罢课、罢工。张静庐经同学郑义方介绍，加入"救国十人团"，并负责十人团总会宣传报纸《救国日报》的编辑工作。在"六三运动"之后，接踵而来的是更大规模的七省请愿运动：号召七省工商学界推举代表入京请愿，"以反对西原借款，取消四路合同，罢免段祺瑞，解散安福系武力边防军为目标"（张静庐，2019）。

张静庐曾在天津的《公民日报》任职，对天津、北京一带的情况相对熟悉，于是，1919年9月他带领上海代表们赴天津各界联合会报到。各省代表聚齐后商议决定，正式出发前往北京进行请愿。10月1日上午，七省请愿团一行人鱼贯地从中央公园（今中山公园）向新华门总统府进发。请愿团的呈文并未立即送呈总统徐世昌，30名代表也被警察拘捕。在监牢里，张静庐通过报纸了解到由于摧残民意、拘捕请愿代表，国务总理靳云鹏已经下台，龚心湛以财政总长资格取代靳云鹏组织新内阁。在经历48天的牢狱生活后，张静庐等人重获自由。张静庐后来回忆，其中一位狱友说过，"唯有住在监狱里的人，懂得镇静"。张静庐自觉这一个半月的牢狱生活是"在镇静中平稳地度过了""没有主义和信仰，没有铁的纪律的团体是不会长久存在的""大家都明白请愿运动是民众最懦弱的表达，要打倒北洋军阀是有待进一步的运动——革命"。

第二节　泰东书局：创造社的摇篮

一、遇伯乐正式踏入出版界

重获自由的张静庐对未来又有着一份忧虑：没有了救国十人团联合总会的工作，自己将要走向何方，难道又要回到之前生活不下去的乡下吗？其时，正逢孙伯兰在上海组织全国各界联合会，各地代表陆续集合。因为之前"七省请愿"运动的缘故，张静庐被宁波各界联合会领导人金臻庠、陈荇荪二人赏识，被推举为宁波代表出席会议。正是在这次会议上，他结识了他的伯乐、中国近代出版界的先辈赵南公。赵是民国时期直隶（今河北省）曲阳县赵城东村人，中国同盟会的老会员，一位杰出的现代出版人。由他开主办的上海泰东图书局与郭沫若组织的创造社关系紧密，曾出版过创造社许多进步书刊，因而为中国新文化运动也做出过重大贡献。从此，张静庐迎来了人生的转机，正式踏入出版界。

泰东图书局创办于1914年，是一家股份制出版企业。赵南公是当时的股东兼经理。20世纪初，正是国内各种思潮风起云涌之时，泰东书局由于出版经营思路不清晰，出版书籍以营利为导向，一味跟风出版，结果造成营业不振。赵南公很想物色一个有出版经验的人士来帮助他重振泰东书局。正好此时他认识了张静庐，"在不多几次的谈话之后，我被他认为是理想中的助理者"（张静庐，2019）。于是赵南公把张静庐带到泰东书局当助手，并担任《新的小说》月刊编辑。这样，以泰东书局为起点，张静庐由此开始了他传奇的出版生涯。

张静庐（2019）后来回忆刚进入出版界的初衷时，这样写道：

与其说我有着想做个出版家的企图，毋宁说是我有着爱书的嗜好。从少年时代起，我就喜欢"书"，到现在为止，这个"怪癖"还没有改进。因为自己基本学识的浅薄，仅仅对于文艺一部门感觉兴趣，所以我所爱的书，也仅仅限于文艺部门的书籍。所谓爱，不是珍本、古版，而是很习见的普通书；所谓爱，并不是想将它珍藏在柚木的玻璃书柜里，而是买来看，看了就随便放在枕边、案头或书架上。无论它是怎样好的书，定价怎样贵的书，想看它就要买回来，朋友们借给我的我不要，图书馆里有的我也不去，一定要自己出钱将它买回来才愿意看它。有时看不下去，或明明晓得没有时间再看它，还得要花一笔钱去买回来，翻看一下目录和序文，就抛在枕边，到记起时再去翻下。这样，全不是为想多读书而爱书，为要增进知识而爱书，岂非"怪癖"！（到今天止还不曾踏进过任何图书馆）。从民国元年（1912）起，我就做着棋盘街巡阅使，即是这"怪癖"的作祟，风霜雨雪之夜独个儿站在书店的大玻璃窗前瞪着新书的封面，两度"回汤"想改行，唯一的希望是进商务印书馆当练习生，也是这"怪癖"的作祟。在出版界已整整度过二十年了，究根探源，还不是都为着这"怪癖"的作祟吗？——我爱"书"。

二、苦心经营泰东书局

泰东图书局是一家股份制出版机构，其股东构成大部分是政学系的政治人物。民国初期，当时政治理念上效法西方，意图建立西式议会政治体系，于是国内热衷于政治的知识分子和官僚，在议会内外纷纷成立各种团体，形成派系，希图在新成立的国民政府中谋取职位。政学系的政治人物们提出：要从事政治活动必须掌握一个出版机构，以便出版自己的著作，宣扬自己的政治主张。泰东图书局的创设，正是出于政学系的这个意图。因此，创立之初的泰东图书局出版的书籍大多是政治方面的。"护国运动"以后，股东们大都到北京继续从政，泰东图书局于是便转由股东之一的赵公南一人主持。

在1913—1915年民国初期，上海的鸳鸯蝴蝶派小说最为流行，赵南公也跟着这股潮流出版了好几种"礼拜六派"的消遣作品，如《芙蓉泪》等。1916年，他又推出了一部长篇小说《新华春梦记》，使泰东图书局赚了一些钱。随着时代思潮的变迁和社会阅读需求的变化，赵南公敏锐地察觉到，鸳鸯蝴蝶派小说的时代即将过去，于是"决定放弃过去的一切，重建理想的新泰东"。但是，一家书店的成功转型又谈何容易！每家书店都有自己不同其他书店的发行方针及渠道，这既是资产，同时也是一种负担。"比如泰东，它是出版《新华春梦记》一类小说书的，它已经将推销《新华春梦记》类书的发行网布定了，书店的营业是靠'放账'的，出版的书，委托各地贩卖书店代售，卖出还钞，很多的卖出了也不还钞，于是乎有了'账底'。这'账底'，也可以说是'千年不还，万年不赖'的长期欠账。一家书店要先有了一层'账底'，然后可以逢节逢年，在'账底'以外的欠款项内，收到三五成已经卖掉了的书款。(自然，大资本的书店有了自己直接的分店支店，这痛苦就可以免掉了)"（张静庐，2019）。民国时期大多数行业一年三节（端午节、中秋节、春节）是结账的日子。

张静庐进入泰东书局后，首先主编了《新的小说》月刊，苦心经营，让其一度达到了四五千份的销路。用他自己的话说，"浅薄尽管浅薄，幼稚尽管幼稚，在当时，上海还正是'礼拜六派'小说盛行时代，一本不伦不类的上海人打话'半栏脚'①式的新刊物，能有这样的销数，确实不能说它坏"（张静庐，2019）。张静庐的敬业和才能深得赵南公的信任和赏识，赵南公觉得张静庐是自己理想的帮手，不久便让他全权负责书店的出版工作。张静庐非常珍惜这个机会，书刊从付排到装订出版，他都要亲自过问。

---

① "打话"本指对话交谈，这里相当于"所谓"的意思。"半栏脚"：妇女虽然缠过但还是长大的脚。

即便是雨雪天，他也都要往印刷公司跑一趟，日夜工作，乐此不倦。

三、泰东书局与创造社

前期的创造社反对封建文化、复古思想，崇尚天才，主张自我表现和个性解放，强调文学应该忠实于自己"内心的要求"，是其文艺思想的核心命题，表现出浪漫主义和唯美主义的倾向。郭沫若的诗集《女神》，郁达夫的小说《沉沦》及郭沫若的译作《少年维特之烦恼》（歌德），是该社最有影响的作品。创造社出版的系列刊物《创造季刊》《创造周报》）和丛书（《沉沦》《冲积期化石》《玄武湖之秋》《茑萝行》）都交给泰东图书局出版发行。其中，郭沫若的《女神》《茵梦湖》，郑伯奇的《鲁森堡之一夜》都由张静庐亲自印制出版（张静庐，2019）。此外，田汉的《蔷薇之路》、华林的《枯叶集》、高歌的《清晨起来》、易家钺的《西子湖畔》、王新命的《狗史》、曹唯非的《微痕》、闻一多的《红烛》、蒋光慈的《短裤党》也都由泰东图书局印刷刊行。

1923年5月，正好在《创造》季刊问世一周年之际，创造社的《创造周报》创刊，由泰东图书局出版，郭沫若、郁达夫、成仿吾任编辑，编辑部就设在泰东图书局内。《创造》季刊为此曾发布预告，称为"偏重于辩论介绍而以创作副之"。郑伯奇认为，这是"适宜于战斗的一种轻便的刊物"；他后来还描述《创造周报》受青年读者欢迎的场景：

《创造周刊》一经发刊出来，马上就轰动了。每逢星期六的下午，四马路泰东书局的门口，常常被一群一群的青年所挤满，从印刷所刚搬运来的油墨未干的周报，一堆又一堆地为读者抢购京尽，订户和函购的读者也陡然增加，书局添人专管这些事。若说这一时期创造社中最活跃的时代怕也不是夸张吧。

关于《创造周刊》为何拥有如此多的拥趸，郁达夫在回忆中分析得更加深入：

> 自从《创造周刊》出版以后，青年人对创造社诸人的崇敬和喜爱，不觉便更加强烈起来。这从每到星期日，在上海四马路泰东书局发行部门前的成群结队的青年学生来购买《创造周刊》的热烈，便可窥得一个梗概。这个刊物印行的目的，似乎是在因为每周一次的出版期近，便于"战斗"，所以从那上面，我们便可以找出成仿吾先生对于文艺界，翻译界，以及旧社会的各种错误，用论文形式加以指责和批评。而对于文学研究会诸人的作品似乎还成为批评的主体。并且从其中隐隐约约地似乎更有想建设起一种倾向社会主义文艺理论的企图。不过因为限于"时代"，其表现似乎颇为模糊罢了。

《创造周报》是以文艺批评和翻译为主要内容的文学期刊，创造社以此为阵地，开展对新文学的批评和批评文体的建设，并因此推动了文学批评的现代性进程。郭沫若（1979）称泰东图书局为"创造社的摇篮"，在他的回忆录中也写道："当时我也暗暗感谢赵南公，因为我听了左舜生的那一番话，像那时还未成型的创造社，要想出杂志，在上海滩是不可能的。在不可能之中有泰东来印，这当然是可以感谢的事。"张静庐（2019）也说过，"泰东，是创造社的摇篮。泰东，在初期的新文化运动中间，它是有过相当的劳绩的"。

第三节　光华书局：创造社的托儿所

一、独立出版的开端

1925年9月1日，光华书店正式开张。当时张静庐、沈松泉、卢芳三人仅以25元钱作为必须的筹办费，合伙创办了他们自认为是上海第一家纯粹的新书店——光华书局，张静庐任经理，卢芳负责营业，沈松泉负责出版。以现在的眼光看来，当时初创的光华书局的确像是一个草台班子，没有雇员，所有的业务往来都只能先赊欠，到月底再结账；光华书店租了四马路上的一间小药房作为营业场所，此时的四马路还没形成书店汇集的局面，不明就里地以为是书店兼营卖药。所幸，"门市的生意，倒并不冷落"（张静庐，2019）。对于光华书局成立的意义，李衡之在为《申报》副刊《出版界》撰写的《书店杂景》系列文章中，这样写道：

一九二七年左右，就以上海来说吧，出版界方面发生了新的刺激！泰东在当时还不见引起大家的注意，光华书局成立、创造社出版部的创设，北新书局的南迁，对于上海遂称为"出版界中心"的出版界，无疑是在静沼中投下了几颗石子，接着春潮、南强、乐群、新生命、开明、黎明等几家接着兴起，遂造成了盛极一时的"开书店"的风气，当时一般的青年对于出版界的认识为之一变：不但不认商务为唯一的书店的代表，而且认商务等于是以前的"山房""书屋"。古书书店、旧书业、新书店，成为三种性质不能调和的东西。

虽然在此之前，张静庐从事报纸书刊出版工作已经多年，但创办光华书局，则是他职业生涯中真正独立从事出版行业的开始。因为郭沫若和创造社此前在泰东图书局"有过半年以上的吃大锅的交情"，光华书局之初，就得到了郭沫若和创造社同仁们的大力支持，光华书局相继出版了创造社成员的众多作品，如孟超的《候》、徐葆的《受戒》、史岩的《模型女》、滕固的《死人之叹息》、沈松泉的《醉吻》、冯都良的《怅惘》、叶鼎洛的《前梦》、洪为法的《长跪》、倪贻德的《东海之滨》、王独清的《圣母像前》、杨荫深的《一阵狂风》、金满城的《我的女朋友们》、向培良的《我离开十字街头》。郭沫若将新著的《三个叛逆的女性》和在许多刊物上发表过编纂起来的《文艺论集》交给光华印行。同时，更以最低的条件——50 元一期编稿费，编辑一种"半政论半文艺的杂志《洪水》半月刊"（张静庐，2019）。叶圣陶主编的《光明》半月刊、鲁迅主编的《萌芽》月刊、章锡琛主编的《新女性》月刊均由光华书局代埋发行。除了创造社的自办刊物《创造周报》，创造社再未有其他刊物出版；其他创造社同人的新作品也有两年不曾出版。1925 年 9 月起《洪水》半月刊也由光华书局出版发行，《洪水》的意思是要用滔天洪水洗涤人世间一切丑恶现象，在当时销路很好。因为光华书局是新店，业务尚未全面铺开，也就没有其他同行那样的先铺一层"账底"，但货款也有很多是先行汇来，这对于一个陌生的小书店来说，算是很好的开端。1926 年，光华书局在南昌开办首家分店；1928 年，在当时北平开办第二家分店；之后杭州、武昌陆续开办分店。

1926 年 9 月 1 日是光华书局成立一周年的日子，光华书局在 9 月 4 日的《申报》上，打出了"本版书廿十种大廉价廿十天"一周年纪念广告，说明其有"代理北新书局、创造社出版部、开明书店、未明社、朴社、晨报社、海音书局、时中合作社等出版新书"等业务，详细开列其发行的 4 种杂志和 20 本图书的内容介绍。草创伊始的小书局，第一年就出书 20 种，发行杂志 4 种，这样的出版成绩是相当不俗的。更为难得的是，除了 6 种新出的著作，其余14种有近八成的著作在一年不到的时间里即获得了重印的机会,有6种甚至是第三次印刷,足见其销量之好、行销之快(吴永贵,2010)。

二、创造社的托儿所

经过五四新文学运动的洗礼,再加上文学研究会与创造社的新文学鼓吹和文学论战,新文学书刊逐渐成为一般知识青年的阅读新风尚。1924年之前,除商务印书馆、中华书局、亚东图书馆这三家综合性出版社之外,上海一直没有纯粹的新书店。此时的光华书局以准确的读者定位,专门出版、出售新书的全新姿态出现,引起各个书局的重视和仿效,不同程度地改变了民国书刊出版角度。可以说:光华书局的创办,开启了新书出版的黄金时代。这些以出版新类型书刊的中小型书店,内容以新式文艺和社会科学为主,他们不同于那些之前贩卖木刻、石印书刊的旧书店,甚至不同于商务印书馆、中华书局这样的出版大户。上海四马路上,汇集一大批像光华书局这样以出版新文艺和社会科学类新书为主的中小型书店。如1926年周全平等人创办的创造社出版部、1927年洪雪帆创办的现代书局,应该说都受到光华书局成功的启发;创造社出版部和现代书局都曾经是左翼文学出版的重镇,在20世纪二三十年代文学史上产生过很大的影响,从这个角度来看,张静庐等人创办的光华书局是起到垂范表率的作用。

因为光华书店是由三个敢想敢干的青年人创办,而且都是经常出入书店的"巡阅使",在之前张静庐又与创造社同人们有过密切的合作关系,所以格外容易得到创造社成员们的义务帮忙。比如,邱韵铎替光华书局看过校样,叶灵凤则替光华书局画过广告。1926年,创造社周全平计划招股认购,创办了在新文化运动史上有名的创造社出版部。正当创造社出版部将要成立之际,郭沫若应广州中山大学之聘和郁达夫、王独清等去了广州。创造社出版部的一切事务都交给周全平、叶灵凤、潘汉年三人主持,他们称作"创造社小伙计"。

"小伙计"们另外又建立一个小组织——幻洲社，以叶灵凤、周全平为主编，委托光华书局替他们印行"幻洲社小丛书"。书籍统一为三十六开本，毛边横排，由叶灵凤设计，装帧样式都很精美。除此之外，叶灵凤、潘汉年还合编《幻洲》半月刊，其版式颇具特色，四十开的袖珍本。内容分作上下两部：上部是"象牙之塔"，内容多为闲情别趣味，由叶灵凤主编；下部"十字街头"，针砭社会，刊登评论随笔，由潘汉年主编。两种风格，似乎也暗示了两位编辑人生之路的不同走向。《幻洲》半月刊仍是由光华书局印行。

1926年卢芳离开光华书局去了南京，1929年夏张静庐也退出光华书局另行创办了上海联合书店；此后数年，光华书局便为沈松泉一人的光华书局。1934年，当时的国民党中央党部为了打击进步书店，查禁了149种新文艺图书，后来增至190多种，光华书局、现代书局被查禁的图书最多。光华书局仅这一次禁书名单中就有20多种；加上此前光华已经被禁的20多种，这对一家出书品种不多、规模不大的小书局来说，打击无疑是很大的。而郭沫若在光华书局出版的书，几乎都列入了禁书名单。1935年5月光华书局被法院封门，已难以为继的光华书局在苦心经营了10年之后，最终以盘给大光书局而宣告结束。光华书局从1925年开业至1935年关张，在四马路上活动了整整十年，曾在南昌、杭州、北平、武昌开设过分店，出版图书200余种，发行期刊20余种。

郭沫若曾说："（光华书局）那书店，可以说是作为创造社的托儿所的形式而存在的，这关系在后来创造社被封以后是尤其显著。"他也没有忘记自己早年从事社会活动时的办报经历，在光华书局期间又撰写了《中国的新闻记者和新闻纸》《中国的通讯社》等著作。可以说在光华书局和现代书局的这十年间，张静庐为我国出版事业作出了宝贵的贡献；同时他也相当广泛地结识了许多著名的作家和文化人，出版了大量的文艺图书。

三、夭亡的新书业公会

1925年夏,一直是新文艺书店龙头地位的北新书店,从当时的北平转移到上海;与此同时,开明书店也由妇女问题研究会改组扩大而成为正式的书店,有一段时间,原来妇女问题研究会的《新女性》月刊的发行也是由光华书局代理。以光华书局为代表的新书店在上海四马路形成规模,标志着新兴的书店群体已形成相当的出版力量,他们对于出版身份的确认、业界话语权的表达以及合理权利的保障,这些行业诉求也应运而生。据沈松泉(1990)回忆,最先发出此倡议者是张静庐,而他则是忠实的赞助者和积极的联络人。大部分事务性的事情都由他经办,第一次筹备会议的地点即在光华书局的楼上。

1928年12月5日,新书业同业公会召开成立大会,于第二天的《申报》发布了一条新闻;12月8日,上海新书业公会在《申报》上发布了成立通告。1928年12月29日,《申报》以《出版界消息》为标题,发布了有关新书业公会的新闻;1929年8月2日,《申报》本埠增刊上刊出《上海新书业公会开会记》。新书业公会在历经两年的筹备之后,于1928年12月5日正式成立,北新、开明、良友、现代、亚东、泰东、新月等20家出版机构为其会员,选举9家为常务委员。新书业公会各成员提出了许多议案:如统一书籍批发折扣,统一与外埠代售书店交涉欠账问题,统一打击盗版行动,与教育部交涉书籍审查问题,援助被查封的创造社,提议成立流动书店,商定出版公会期刊,等等。这些提案反映出当时的新书业者普遍面临的问题,迫切希望公会成立能避免同行间的恶性竞争以及为各成员获取较为有利的生存空间。但最终新书业公会被国民政府否决,因"同一行业不能有两个同业组织,新书业应加入原来的书业公会,没有另行组织公会的必要"而未获核准。

张静庐极力奔走筹谋的新书业公会,虽最终未能成立,但新书业应该联合起来的出版理念,在新书业同业中一直不曾泯灭。1943年12月重庆28家新书业组成"新出版业联合处",正可看成是张静庐、沈松泉等诸多同业当初筹建新书业公会的历史回响。

第四节　上海杂志公司:文学论战的舆论场

一、创办上海杂志公司

张静庐在创办上海杂志公司之前,在泰东图书局、光华书局、现代书局、联合书局之间辗转反复。尽管张静庐都不同程度参之前各个书局的出版业务,但在每个书局真正主持业务的时间并不算长。究其原因,张静庐与各个合伙人在出版理念上存在分歧恐怕是一个重要原因。真正让张静庐展现其出版才华的舞台就是创办上海杂志公司这个时期,同时也是张静庐出版事业中最辉煌的阶段。

离开现代书局之后,张静庐有一段时间甚至很沉沦,"典卖仅有的一些衣物,独自寄寓在一家豪华的旅舍里,尽情地欢乐,过着变态的生活"(张静庐,2019),他的家庭状况也是越发窘迫债台高筑,没有了经济来源,只能靠支取创办现代书局盈余的股本金150元生活。期间他曾经有机会担任时代图书公司的华南五省总经理,却遭到公司股东的反对,理由是"这只马不是我们所能控制的"。这无疑激发了张静庐强烈的斗志和自信,"是的,我虽没有缚鸡的腕力,而却有举鼎的雄心。老实说,在当时上海的同业中,值得我钦仰,或使我感到可爱的出版家,真是寥寥无几"(张静庐,2019)。

这个时候,张静庐的老友沈松泉伸出援助之手:希望张静庐重新回光华书局,复任经理。1935年的上海出版界,一片不景气的氛围。当时书业销路尚可的有三种：第一种是教科书，学生们要上课，上课就要买教科书，所以教科书的销路一直很好；第二种是把老旧书刊加以标点、翻印，叫作"标点书"，这类"标点书"销路也不错；第三种便是杂志，阅读受众广价钱不高。而学校使用的教科书需要有大资金背景，标点书张静庐起初不愿涉足，因此只有走杂志销售这条路了。当时，对于购买力微薄的大多数读者来说，买一本新书的价钱可以换到许多本自己喜爱的杂志；并且，杂志对于文化运动的普及也有着重大的意义。

作为振兴光华书局的第一步，张静庐计划为书局另开一门店，专门销售杂志。在近代书业活动中，杂志一般多由书店兼卖，而书店专营杂志这种方式，不仅当时上海滩没有，整个中国也没有同类型书店。就在张静庐落实了门店选址，谈定了租约及合同的时候，沈松泉经过考虑却中途改变了想法；他担心专门售卖杂志胜算不大，光华书局现在的经营已经举步维艰了，再开设新门店风险太大，光华书局也会牵连倒闭。沈松泉想让张静庐把房屋退回，可出租方偏又不肯同意。就在此时，上海、四川的新书同业们都希望张静庐到四川开设新书店，但张静庐还是决定留在上海，除了不想离开上海四马路外，另外一个很重要的原因就是要"报复"，他要与现代书局竞争。在这种情况之下，张静庐只得辞去光华书局经理，将这个门店自己接了下来，一个人硬着头皮干下去。1934年5月1日，上海杂志公司成立，一间狭小的门面，张静庐连同伙计总共只有三个工作人员；20元的公司创办费，比当初创办光华书局的25元还要少。

二、杂志公司初尝胜绩

刚开始，计划出乎意料地顺利。张静庐（2019）说："小小的计划，逐步施行起来倒相当顺利。精神上得着老朋友卢芳和唐性天先生的协助；不相识的很多朋友——读者，似乎对于我，对于这初生的公司也有特别的好感，营业得以一天天兴盛起来。"自营上海杂志公司这一大胆的举措成就了张静庐日后的辉煌。公司成立之初，张静庐苦心经营，业绩不断增长。上海杂志公司早期虽然也刊行自己主编的《读书生活》半月刊和《文艺画报》等，但仍然以杂志贩卖为主。书店的每天的营业额从十几元增高到200多元；到第三个月的时候，已经到了9600元。半年经营下来，竟然赚了好几千元钱。这也出乎张静庐的意料，他原以为，一无资金，二无正规门店，三无号召力的小书店是很容易倒闭的。张静庐后来总结，上海杂志公司初期的成功，就是做到了"快、齐、廉"三点。杂志毕竟和书籍不同，杂志讲究时效，为了做到比别人快，必要的时候就即使亏损也要提前向读者尽量早一步售卖；至于齐，杂志种类齐备，服务各种类型的读者；最后是廉，照顾各个阶段的读者，做到薄利多销。"这些都是贩卖书店应注意的起码条件，并不是难做到或做不到的。然而那时候，大家似乎都不肯注意到，也许，上海书店都是靠出版的，贩卖是无所谓的热闹热闹门市罢了，所以不在这上头用工夫。我们则不同，既是完全靠贩卖为主要业务，不得不走着别人所不愿走不曾走的崎岖小路（张静庐，2019）。"

凭借这几千元钱，张静庐决定拓展业务，重新进入出版圈。在凑足法定资本金之后，正式申请实业部注册——上海杂志股份无限公司。"当时公司的注册有两类：一类是有限公司，另一类是无限公司。张静庐在注册上海杂志公司时，特意以无限公司注册。他之所以这样做，是想给外界以一种印象，认为该公司的资金是无限的，因而增加了对它的信任感"（宋应离，2005）。这从另外一个侧面反映出张静庐在出版经营业务上的自信与精明。

三、杂志公司步入佳境

张静庐在第一阶段取得意料之外的成功之后，紧接着展开第二步计划：代订、代办、代理发行。这些措施，旨在进一步拓展经营杂志业务范围及种类。代订、代办，就是尽可能搜集图书市场上各种杂志陈列在一起，形成"杂志市场"，让凡是想购买杂志、或是想代订杂志的读者养成到杂志公司购买的消费习惯。这看似简单的经营方式，真正实行起来却又是有诸多不确定因素，如杂志的发行周期、杂志的品质是否能够保持、读者阅读兴趣的改变等。但张静庐早年"巡阅使"的经历让他始终站在一个普通读者的角度思考书店经营，他采取了其他书店唯恐避之不及的经营方式：读者可以随时退订、改订杂志，无论何时何缘由；另外，还设立专门的部门，负责向读者和同行书店提供委托代办邮寄书报杂志。这些大胆的举措，让他迅速赢得广大读者的赞誉。"这件工作，我觉得极有意义，并且切切实实尽了对读者服务的义务，实行了四年，从经营中改正了许多自己不甚满意的缺点，从信誉上得到了几十万订户的好感，几千百封从读者订户群里来的鼓励我们、称赞我们的信，这是使我惭愧、使我感激，也使我兴奋的第一件事"（张静庐，2019）。

在公司经营走上正轨后，其业务不再局限于的单一的杂志销售，开始涉足杂志的代理发行，进而自己出版杂志和书籍。1934年11月18日《申报》刊登了一则名为"上海杂志公司将迁新屋"的新闻，新闻内容中提到上海杂志公司代为发行的杂志名称主要有：《大陆画报》《大上海画报》《健美》《印象》《东流文艺》《皇后》《电影世界》《先路》《健康生活》《现代文艺》《现象》《生生月刊》等。从这个广告透露的信息里，我们可以知道这些杂志均以上海杂志公司的名义，经销到全国各地。除代理发行国内各种杂志外，张静庐的上海杂志公司还自己出版了几十种期刊，如李公朴主编的《读书生活》半月刊，鲁迅主持、黄源主编的《译文》月刊，孟十还主编的《作家》月刊，黎烈文主编的《中流》半月刊，平心主编的《自修大学》两周刊，还有《文艺画报》月刊、《青青电影》半月刊等等诸多进步刊物。这些刊物大多由名家主编，在当时产生了很大的文化影响。

四、《中国文学珍本丛书》与小品文论战

大约在1935年，上海的出版界的兴趣忽然间转向翻印和刊行古籍标点

本，一时间"标点本"开始热销，各个书局纷纷把出版明清小品集和小品作家诗文集作为方向，这与当时的社会流行文化有着密切的关系。而其中起推动作用的首要人物是林语堂。作为当时著名作家的林语堂早在1932年创办《论语》半月刊时，就提出了"两脚踏东西文化，一心评宇宙文章"的办刊思想，并且大力提倡幽默文学，由此社会文化开始热衷于"幽默热"；1934年创办《人间世》；1935年创办《宇宙风》，更提倡"以自我为中心，以闲适为格调"的小品文。在这波出版潮中，其中影响较大的出版物有刘大杰编《明人小品集》（北新书局1934年9月），施蛰存编《晚明二十家小品》（光明书局1935年4月），阿英编《晚明小品文库》（4册，大江书店1936年7月）沈启无编《近代散文抄》（北平人文书店出版）等。晚明小品对中国现代小品文产生了重大的影响，直接推动形成了当时席卷整个文坛的小品热。

对于出版市场有敏锐洞察力的张静庐自然也不会放过这个热点，1935年上海杂志公司刊印的《中国文学珍本丛书》就是顺应小品文浪潮之举。该丛书由施蛰存主编，约请的编委是当时文坛名流，包括胡适、周作人、郑振铎、叶圣陶、郁达夫、俞平伯、朱自清、丰子恺、沈启无、刘大杰、阿英等20人。这个时期的施蛰存，刚刚经历了与鲁迅的文化论争，颇为郁闷无助。作为他的发声平台和阵地的《文饭小品》刊行不久，正面临着停刊危机。《中国文学珍本丛书》正好为他提供了新的展现文学价值观的平台。张静庐为《中国文学珍本丛书》打的广告语"丛书杂志化，珍本大众化""为读书人节省买书钱，为图书馆减少采集费"。从编委名单构成上，我们可以看出：刊行《中国文学珍本丛书》，张静庐固然有出于商业盈利的一面，但同时也抱着传播中国传统文学典籍的目的，其出发点并不是粗制滥造假借名人牟利，而是确实想办成优良的文学丛书。

自1935年9月，《中国文学珍本丛书》就以每周一种的速度出版。书籍一经发行，即在社会上引起热烈的反响，赞扬者有之，批评者也有之，总的观点是肯定了该丛书为普及和保存优秀的传统古籍作出了贡献。鲁迅在丛书目录刊出后,就在1935年9月出版的《太白》半月刊第二卷第十期上,发表了一篇《聚"珍"》的短文,对于张静庐和施蛰存所作的丛书广告进行了讽喻。第二年鲁迅又具体提出了批评意见,在1936年出版的《海燕》月刊第一期上,发表了《"题未定"草(六)》(后收入《且介亭散文二集》)。作为另外一种声音,林语堂也在1935年12月出版的《宇宙风》半月刊第七期上,发表了一篇《记翻印书》的文章,对于当时社会上出现的翻印古书现象,作了较为中肯的评价。文章首先对翻印古书的上海杂志公司(中国文学珍本丛书)和中央书店(国学珍本丛书)给予了肯定,"二者皆属翻印明末清初珍本,于中国文献上,有特别的贡献,于人间世所提倡明朝小品,给以阐扬的实证,兼以专搜禁书珍本,又非普通无宗旨之翻印古书所可比"。

张静庐后来对此也进行了检讨,"规定是每周出版一种,而一种的分量小的只有十万字一本,大的差不多在六七十万字以上。我们常常为出版一种周刊,薄薄的小册子,都不免要弄得脱期,那么在印刷条件上每周一部的计划,真是渺茫而难有把握","铅字旁边加上断句标点,一经校对之手,再经排字工友之手,三经打纸型时的跳动,要使它不走原样,就是天爷爷都不敢保证的","这冤枉该向谁去诉说呢?论责任,我的鲁莽,我的缺乏自信,在今天应该向当时有口难言的施蛰存先生、阿英先生道歉",总之,"理想同事实,距离得很远很远"。以今天的眼光来看,尽管"中国文学珍本丛书"的出版存在着所选书目不精、标点不准确、校刊不够精细等缺点,但比起同时期滥制"标点本",《中国文学珍本丛书》仍然显得较为规范和严谨,张静庐和施蛰存、阿英等还是尽力在做一套不至于误人子弟的普及读本。1937年抗战爆发,"中国文学珍本丛书"的出版只得停止。

张静庐出版的《中国文学珍本丛书》,作为施蛰存文学价值观延续的新阵地,是施蛰存在《文饭小品》以外建立的"新文学"阵地,加上林语堂为代表的"性灵派"的参与,晚明小品文在丛书中备受推崇,并因此卷入了20世纪30年代著名的小品文论战中。"在现代文学的生产体制中，报刊绝不是把一堆文章毫无来由地印在一起，而是已经成为组织作家思考和写作的枢纽。一方面，各种文人集团为了发出自己的声音，需要创办自己的刊物；另一方面，刊物本身很多时候又在'制造'着文人集团"。图书出版业一样，在这场剑拔弩张的文学论争中，与鲁迅先生为首的左翼作家文人集团发声的碰撞，为《中国文学珍本丛书》畅销打下了舆论基础，从而影响民国时期文学发展的进程。

五、抗战中的上海杂志公司

1937年7月7日发生卢沟桥事变，抗日战争由此全面爆发。上海杂志公司在华北的业务全面停顿，张静庐预料到上海迟早会进入战争状态。于是便着手为书店做战前安排，首先是遣散年纪尚轻的练习生，其次为即将到来的战争成立战时编辑部，对那些与抗战无关的稿件暂时搁置，并计划编印"大时代丛书"，预定从九月开始刊发，每三天出版一本。

"八一三"事变爆发，上海旋即变成战场。整个上海出版界都投身到轰轰烈烈的抗日宣传之中，战时第一本新书，是凌青编著的《民族解放战争的战略与战术》；第一本复刊的杂志，是《民闻周报》的《战时特刊》。接下来各类刊物也开始纷纷复刊，译文、中流、文丛、文学四社合编的《烽火》小册子，由茅盾主编；沈起予主编的《光明》特刊、陶亢德主编德《宇宙风》特刊、邹韬奋主编的《抗战》三日刊、编辑人协会出版的《文化战线》半月刊、良友公司的《战时画报》。张静庐想让外地的大众详细了解上海战事，开始致力于搜集整理工作，"将每一战线的记事，编成一集，印成单行本，既可以保留得长久些，也可以推广到远方和内地去。这样，就由我自己编纂了《西线血战》《东战场》《平汉前线》《闸北血史》等几本集子。我认为这是抗战的史料，也是最有实效的宣传文字"（张静庐，2019）。

尽管张静庐在战事之前就已有所准备，但战争还是给上海杂志公司几乎带来灭顶之灾，公司之前的业务停顿，本部和外部的杂志不能再正常发售，已有的杂志发行网点也全部停摆，外地的账款也无法回收，所有业务往来采取现金结算，战争造成的经济损失巨大。随着战争走向胶着，1937年10月张静庐不得不离开上海，将公司总部迁往武汉。随后上海杂志公司又陆续刊行了丁玲、舒群主编的《战地》半月刊、胡风主编的《七月》等文艺救亡杂志，以及"战地报告""战地生活"两套丛书。两套丛书收录了许多宣传共产党及八路军的进步文章和著作，如老舍的《火车集》、艾青的《他死在第二次》、姚雪垠的《战地书简》、刘白羽的《游击中间》、陈毅的《怎样动员农民大众》、何干之的《转变期的中国》、曾霞的《游击队的群众工作》、任天马的《活跃的肤施》、吴奚如的《阳明堡大战》、宋之的《自卫队》、碧野的《北方的原野》、萧红的《呼兰河传》等。在这之后，张静庐先后开始在武汉、广州、长沙、金华、温州、重庆、桂林、柳州和昆明等地先后设立了12处分店，进一步宣传抗战、传播新文化和新思想，在抗战文化运动中贡献出自己的一份力量。

张静庐（2019）曾大声疾呼："在抗战建国时代，我们需要有建设性的学术图书，国防性的专门典籍，也能够同平时一般源源地印出来。同时更从第一期抗战经验和教训中，建立起新的理论来；从参加前线抗战工作、实际生活的体验中，产生伟大的文学作品来；为要唤起全国民众的抗战情绪，发动民众自卫武力，编制通俗的大众读物来！这些都是有智慧的作家们的责任；也是贤明的出版家的责任。"

1943—1944年，在当时的陪都重庆，张静庐担任上海杂志公司总管理处总经理，继续宣传出版的抗日救国书刊。与此同时，张静庐还担任国民党文化教育委员会设计委员（主任委员潘公展）。1943年12月，以中国共产党领导下的生活书店、读书生活出版社和新知书店为核心，并联系了20多家进步出版社，成立了新出版业联合总处，张静庐出任新出版业联合管理处总经理，设立"联营书店"，主要管理联营书店出版事宜。翌年5月8

日，又先后在重庆、成都建立联营书店，新出版业联合总处发展到27家，1945年底增至33家，中华人民共和国成立前夕，增至55家。张静庐被推为总经理，黄洛峰为董事长。1945年12月抗日战争胜利后，张静庐回到汉口，第二年春上海杂志总公司在汉口复业，同时在上海设立出版部；同时，联营书店总管理处也从重庆迁往上海。张静庐一部分时间主持"上杂"业务（因其次子张鸿人当时任汉口经理），还担任了武汉市文教公会的常务理事，他大部分时间用来处理管理机构与下属书店以及同业间的各种业务事务。自此每年9月间张静庐回到上海召开书店股东会，平时则留在汉口。1949年8月，在上海、汉口相继解放后，张静庐回到上海，继续担任联营书店总经理。

出版是一种传播精神和知识的活动，它属于文化门类之一，而出版产业则属于文化产业的一种。社会思想与文化都需要出版进行推广传播，尤其是处在时代变革的关键阶段。每一次思想文化的浪潮，都会为出版指明方向，反过来，出版对思想文化的传播进一步助推。"十足的读者出身"的张静庐，怀着悲悯情怀，"我有我的目标，我有我的信念，二十年生活在出版界里，弯弯曲曲朝着这个目标前进，千辛万苦为实现这个信念而工作。并不因环境险恶而躲避，也不受生活艰难而动摇。我明白，我所负的责任的艰重，文化工作影响于民族社会的重大和深远"（张静庐，2019）。

张静庐早年"棋盘街巡阅使"的经历，使他很容易明白读者所尝到的种种痛苦。自己在承受纷繁业务、成本亏损的同时，把最大的便利留给读者。张静庐对时代文化潮流的准确把握，对读者深层需求的关怀，对出版精神的正确理解，尤为重要的是放下身段、努力去做好同行业不屑为之的种种服务，这些都是张静庐获得成功的重要原因。上海杂志公司的异军突起，除了开辟了杂志发行专业化的新途径外，还带动了中国图书杂志公司、群众杂志公司相继崛起，形成了与旧书业迥异的新形态，这在近现代出版史上具有承前启后的历史意义。

20世纪上半叶的中国，正值内忧外患、存亡难料之际，对时局有清醒认识的知识分子先知先觉，随着大时代的变化而行动，张静庐就是这个群体中的中一员。"今之恒言，曰'时代思潮'。此其语最妙于形容。凡文化发展之国，其国民于一时期中，因环境之变迁，与夫心理之感召，不期而思想之进路，同趋于一方向，于是相与呼应汹涌，如潮然。……凡'思'非皆能成'潮'，能成'潮'者，则其'思'必有相当之价值，而又适合于其时代之要求者也"（梁启超，2008），这是20世纪当时知识分子自身使命的概括，将自己的命运融入国家之运祚，用自己的事业去实现救亡图存之信念，在将死的旧世界里培植出新的萌芽。

从当年上海四马路棋盘街的"巡阅使"到"四马路出版界的霸才"，从酒坊学徒到出版家，张静庐的出版之路一路走来崎岖曲折，但他凭借着自己的不懈努力和创新精神在出版事业上终有所成。在对待出版事业上，张静庐自始至终都把自己看作一个"出版商"而不是"书商"。这是他与那些只是单纯把出版作为手段进而达到赚钱目的的普通书商之间的本质区别，他更愿意把出版作为实现个人信念的一种行当，把出版作为推动文化事业发展的一个重要手段。纵观张静庐一生，他把毕生的精力献给了近现代中国的出版事业，在长期的出版实践中，张静庐形成了自己独特的经营理念，对中小书局出版事业进行了新的探索，这无疑很好地诠释了一位出版家在国家民族生死存亡之际，敢于追求真理热心传播文化，为提升国民精神而努力。张静庐在出版事业上展现出来的开拓气魄、娴熟的书店经营技巧、精准的读者定位都体现了近现代出版史上出版家群体自我价值及自我实现，而那些宝贵的出版思想和经验仍然是无穷的宝库，为今天的出版人提供源源不断的养料。张静庐创建了一系列著名的出版平台，映照出国危世乱下的知名文人侧影；他精心出版的大量新文艺作品，深刻地影响着中国文艺的发展进程。

第二章

唐弢：鲁迅风骨的追随者

第一节 "搦锄头柄人家"走出来的书生
第二节 《自由谈》主笔和《周报》主编
第三节 编佚《鲁迅全集》
第四节 编辑《文汇报·笔会》

唐弢（1913—1992），原名唐端毅，字越臣，笔名晦庵、风（凤）子、韦长、横眉等，镇海人（今宁波市江北区甬江街道畈里塘村）。著名作家、文学理论家、编辑出版家。唐弢自20世纪30年代开始从事文学创作，1933年起《申报》副刊《自由谈》上发表文章，以散文和杂文为主，之后参加左翼文艺运动。他创作了大量散文、杂文、时评，并以《晦庵书话》的形式记录了现代文学史上的重要出版活动。唐弢是鲁迅研究学科的奠基人之一和海内外公认的权威学者，曾参加过1938年版《鲁迅全集》的编辑工作，还编辑出版了《鲁迅全集补遗》《鲁迅全集补遗续编》，辑录、考订了鲁迅佚文。他的一系列关于鲁迅创作的著述，在鲁迅研究史上享有很高声誉。唐弢是中国现代文学研究领域的开拓者之一，在史料、史论方面都有重要贡献，他的出版活动和文学成就极大地丰富了现代文学的内涵。

第一节 "搦锄头柄人家"走出来的书生

一、贫寒农家子弟考进上海邮局

1913年3月3日,唐弢出生于宁波镇海西乡畈里塘村的一个农民家庭,祖辈上五代都无人念过书。父亲唐良甫,为人正直,性格开朗,学会针灸治疗之术,在劳作之余,为乡亲治疗,不收分文。唐弢少年时期的上学经历,尤其是父亲经历的往事,直接影响了他的创作生涯。唐弢的父亲唐良甫因为不识字,在入股由本村地主开的"同义"米店时,被地主和村长在账簿上做了手脚,造成虚假的巨大亏空,从而背负了很多债务。好强的唐良甫从此下定决心,不惜一切代价要培养儿子读书。唐良甫又是一个非常节俭的人,某次沉船时因保护积肥不慎伤了腰,后来病情加重,无法再下地种植,被迫离开了赖以为生的土地。

1919年,6岁的唐弢在家乡古唐小学上学。当时村里有一个根深蒂固的旧观念,那就是"搦锄头柄的人家决不会生出书香子弟来",但唐良甫仍然坚定地让儿子继续读书。唐弢后来回忆说:"奴隶的命运竟是这样不容易摆脱的!我看见了周围的压迫、侮辱、剥削。看见了冷嘲和诬蔑,但是,也看见了种在这诬蔑里的决心,我是受着这决心的荫庇长大起来的。"在古唐小学读完四年级后,唐弢被父亲送到培玉小学念书。学校由镇海旅沪的宁波帮商人方椒伯于1905年集资创办,校舍和设备较为完善,有二层楼洋房、花园、露天操场、风雨操场、图书馆、仪器室和宿舍。全校300多名学生,大多为走读,唐弢是二十几名寄宿生之一。在学校里他一边读古诗一边学写旧体诗,能熟读乐府、古诗十九首等,尤其爱读陶渊明、李白、李商隐等人的诗词。在镇海老家，这自然招来了富人们的冷嘲热讽，但是父亲的决心依然坚定，坚持让唐弢继续念书。

唐弢 14 岁时，唐良甫毅然典押房屋，将他送到英国人开办的上海华童公学念初中。1929 年，在老家的父亲唐良甫因为生活的煎熬而精神失常，家境愈发困顿。此时正在读初中二年级的唐弢只能被迫辍学，他投考了上海邮局并最终被录取。

进入邮局后，唐弢被分配在投递组（当时一般叫工部间）开箱台，担任分拣本埠信件的工作，工资比邮差稍高，但也是体力活，每天有大量的信件、书籍、包裹要分拣，因此工作也很忙碌。为了将来的生活更有意义，在邮局工作之余，唐弢利用闲暇时间去附近的图书馆借阅各种中外书籍。此时的唐弢偏好的是闻一多、徐志摩的诗。有一次，在城隍庙的饱墨斋旧书铺，唐弢买到两卷《莽原》半月刊合订本，阅读之后，他非常喜欢鲁迅写的《旧事重提》（成书时改书名为《朝花夕拾》）散文和小说，这是唐弢第一次接触到鲁迅。对鲁迅的作品的偏爱，促使他放弃古文，改用白话写作。

二、接触左联

1930 年 3 月 2 日，在中国共产党领导下，中国左翼作家联盟成立（简称左联）于上海。左联成立的目的很明确，就是与国民党反动派争取宣传阵地，吸引广大民众的思想支持。成立大会通过左联《纲领》，确定"目的在求新兴阶级的解放"，"反对一切对我们运动的压迫"。左联的旗帜人物是鲁迅，他在大会上发表题为《对于左翼作家联盟的意见》的演说，强调革命作家一定要接触实际的社会斗争。他对左联工作提出四点意见："对于旧社会和旧势力的斗争，必须坚决，持久不断，而且注重实力"；"战线应该扩大"；"应当造出大群的新的战士"；"联合战线是以有共同目的为必要条件的。……如果目的都在工农大众，那当然战线也就统一了"。

1932年一·二八淞沪会战爆发，唐弢常去的由商务印书馆设立的东方图书馆遭日本浪人纵火烧毁，同时被战火损毁的还有商务印书馆的涵芬楼藏书。东方图书馆由商务印书馆编译所涵芬楼发展而成，藏书逾50万册，为当时全国图书馆藏书量第一，这场战火对当时中国文化事业的摧残是无可估量的。为了扩展阅读群体，唐弢组织几个熟识的店员、同事成立读书会，他们阅读的作品大多都是当时的"禁书"，如高尔基的《母亲》、绥拉菲摩维支的《铁流》、法捷耶夫的《毁灭》、胡愈之的《莫斯科印象记》、林克多的《苏联闻见录》，还有一些马列主义的书；除此之外，鲁迅的《呐喊》《彷徨》《朝花夕拾》以及别的许多新文艺书也都在他们的阅读之列。

读书会成员对由鲁迅作序、林克多①执笔的《苏联闻见录》很感兴趣，希望能进一步了解苏联工人的生活。原来准备由唐弢写信给鲁迅，请鲁迅代约林克多来讲课，后改由一位姓徐的朋友直接去拜访。1933年初，最终邀请来了左联成员林淡秋。在与林淡秋见面之后，唐弢组织的这个读书会成为左联的一个活动据点。左联考虑到读书会成员中有邮局的工作人员，他们平常身着邮局制服每日送递信件，且熟悉本地大街小巷，可以较好地规避政府的文化检查，在传递信息时有许多天然的便利，因此读书会受到左联的重视。除林淡秋之外，唐弢先后和胡风、徐懋庸、尹庚和王任叔有过联系。同年，唐弢还为工人运动做过文字宣传工作，业余时间练习写作。

---

① 林克多（1902—1949），原名李镜东，又名李平，浙江黄岩人。林克多原在家乡从事革命工作，1927年大革命失败后，赴苏联莫斯科中山大学学习。《苏联闻见录》是他旅苏期间的著作，书中对当时苏联的革命情况及苏联工人的生活进行了记录。

第二节 《自由谈》主笔和《周报》主编

一、《申报·自由谈》中的新名字

1933年1月,父亲唐良甫去世,唐弢回乡料理完后事之后,家里只留下几百元的债务。唐弢在感叹生活困难、百感交集之际,开始写一些回忆性的散文,尝试向《申报》副刊《自由谈》投稿。父亲的离世,对唐弢的创作有直接的影响。有一件事给唐弢留下了铭心刻骨的印象:1927年,唐弢15岁那年,父亲从乡间到上海来看他,他向父亲表示很希望能买一部既标音韵、又释字义的辞典。在书店里,店员漫不经心地说出了新出版的《辞源》的价格:"四块。"父亲惊奇的神情是唐弢永远难忘的。世代务农的唐良甫实在难以设想一部书会比两担稻谷还贵。"能不能不买呢?"父亲用犹豫的、商量的口气问。"买。我读书离不开它。""太贵了啊,你再想想?"父亲的声音已经发抖。父亲的乞求的目光更是令唐弢永生难忘的。唐弢后来带着永远的创痛回忆当时的情景:"父亲终于从腰包里吃力地摸出四块钱,数了两遍,颤巍巍地递到那个店员的手里。我望着他,他似乎突然间老了许多。我的鼻子一阵酸,热泪夺眶而出,赶紧抱起书,扶着他跟跟跄跄走出了商务印书馆的大门"(刘纳等,1993)。这样的生活经历与感情经历,给唐弢日后的文学活动投射下激愤的影子。父亲的穷迫、衰迈,以及自己的固执,唐弢都刻骨铭心,他为父亲和自己痛哭,内心充满了强烈的内疚和自我谴责。

1932年12月1日—1934年5月9日,《申报》副刊《自由谈》一直由黎烈文①担任主编。后来，黎烈文在《自由谈》上登载与该刊脱离关系的启事后，《自由谈》副刊才改由张梓生接编。黎烈文怀有深厚的爱国情操，对于国家和人民的族苦难深有感触，他采取兼容并包的编辑思想，大胆革故鼎新，对之前周瘦鹃②编辑时期的内容和形式进行改革。此举在文坛上掀起了继《新青年》后的又一散文写作新潮，此后无数刊物纷纷效法，于是1933年被称为"小品文年"。这一年夏天，上海出版的《申报》副刊《自由谈》上开始出现了一个新的名字：唐弢。当时，他只有20岁，依旧是一名邮局工人。6月4日，唐弢的第一篇散文《故乡的雨》发表于《自由谈》。从此，唐弢的创作生涯正式开始，以后每隔几天，《自由谈》都有唐弢的杂文和散文发表；继而马彦祥主编的天津《益世报》副刊《语林》也刊登唐弢文章。这个时期，唐弢在《自由谈》发表的比较重要的作品有：10月21日《好现象》，11月14日《青年的需要》，11月19日《新脸谱》，11月29日《著作生活与奴隶》，12月26日《略论英雄》，等等。这些作品都不同程度曾引起文坛的注意和争论，唐弢的作品含有很强的社会性、知识性、文艺性。既有文艺抒情、意味隽永的，又有针对时弊、笔锋锐利的；亦有抨击社会黑暗的激烈议论。因为文章的文风格式和鲁迅很相似，有些甚至可以达到乱真的程度。国民党反动派曾一度误认唐弢所写的文章为鲁迅之手笔。对此，唐弢曾说过，"从我自己的经历，从我读过的那些杂乱无章的书，特别是从执

---

① 黎烈文（1904—1972），中国现代著名作家、翻译家、教育家；湖南湘潭人。1922年进商务印书馆任编辑，1932年任《申报·自由谈》主编，1934年5月，被迫辞去《自由谈》主编职务。之后在鲁迅和茅盾的帮助下，参加《译文》的编辑工作。1936年，创办以杂文、散文为主的半月刊《中流》。

② 周瘦鹃(1895—1968)，原名周国贤，现代作家，文学翻译家；江苏省苏州市人。1910年，其处女作话剧《爱之花》由商务印书馆《小说月报》出版，获得成功；1920年4月，《申报》正式录用周瘦鹃为该报副刊《自由谈》编辑。此后，直到1932年12月《申报》革新版面，《自由谈》编辑由黎烈文接任时止。1933年，《申报》又辟《春秋》副刊，由周瘦鹃任编辑。1936年10月，他与鲁迅、茅盾、巴金、郭沫若等二十一人联名发表《文艺界同人为团结御侮与言论自由宣言》。

笔时的环境和情绪测量起来……有自己对社会的议论和评价。这就注定我与创作无缘，只配写些不入于'艺术之宫'的'鸡零狗碎'的杂文"。

二、与柯灵共同主编《周报》

1945年9月8日，唐弢与柯灵共同主编的政论性刊物《周报》创刊，这是抗战胜利后上海最早的进步刊物之一。抗战胜利后，上海涌现出很多时事政论性刊物，其中较为有名的是《周报》《观察》《民主》几家。这些刊物多为一周一期，时效性强，能及时报道和评论重大事件。当然这些刊物的缺点也很明显，其印刷大多粗糙，外封和内页用纸一样，读起来感觉就像在读一份折叠的报纸——只不过外观是期刊的外形。这种政论性的期刊，编者多采用文艺的手段以此消减长篇大论带来的沉闷感，版面的美化同样也缺少不了文化小品。多年以后，时事评论或许时过境迁，唯有文化特色永远鲜明。

1945年初，世界反法西斯战争的态势已经十分明显，中国人民的抗日战争也已经转入战略大反攻阶段。在一次聚会中，唐弢、柯灵、刘哲民、钱家圭等人很自然地谈起，抗战胜利后如何一起做点有利于国家民族的事业。作为资深编辑的柯灵提议办一个像邹韬奋的《生活》周刊那样的综合性刊物。当时，刘哲民在厦门路尊德里11号有一个营业机构，暂时用作社址，同时还与国光书局商议代为印刷。除了四个主要的创办人员，他们还聘请了助理编辑兼校对杨幼生、王湛贤（两位都是原《万象》时的同仁）。1945年9月8日，由唐弢、柯灵负责编辑，和刘哲民、钱家圭等人合办的综合性刊物《周报》杂志创刊号出版了。

三、《周报》的文艺性

唐弢与柯灵联合主编的《周报》，得到广泛的欢迎。不仅撰稿人阵容豪华，受众也非常广泛，从上层人士到平民，从文艺界、新闻界到商界，都有其拥趸。《周报》的内容和形式，具有鲜明的特点。对此，学者张明理（2008）指出，《周报》激越的声音是唐弢与柯灵领唱下的多声部合唱，兼政治性、文艺性、新闻性于一体。张明理（2008）对《周报》的文艺性作如下归纳：

一是在于大力吸收新文学一派的作家、作品，郭沫若、茅盾、巴金、徐调孚、耿济之、田汉、洪深、冯雪峰、楼适夷、许广平、胡风、何其芳、艾芜、许杰、李健吾、陈白尘、吴祖光、刘厚生等都利用《周报》阵地发文。《周报》的三个特辑"我理想中的新中国""十五天后能和平吗""我们控诉"，广泛邀请有社会影响的代表人士参与笔谈，其中有不少文艺界人士，如梅兰芳、黄佐临、吴仞之、石挥、陈翰伯、柳湜、沈志远、钱锺书、杨绛等。二是《周报》以文字为主，兼及漫画。封面里有一幅：早先刊丰子恺的作品，创刊号上用的是"炮弹做花瓶，人世无战争"一幅；十五期开始由丁聪包办，配合内容，对现实政治进行讽刺。"苦干"的同时孙竦以"左拉"为笔名，从创刊号起就为《周报》作漫画。三是在于《周报》重视编排的新颖、活泼和醒目，也借助于美术。美术趣味的字体、色彩、花边等，做得很考究、刊名《周报》二字，占十六开本封面上部的半页，每期用不同的颜色套印。下部的半面，左为漫画，右为目录，显得朴素而醒目。

第三节　编佚《鲁迅全集》

一、一段由误会促成的缘分

1933 年开始，唐弢的杂文在《自由谈》上频繁地刊发，他在文坛上也得以崭露头角。在这之前，唐弢已经对鲁迅的杂文、小说进行过大量阅读，并深受启发进而影响到他的文学创作。这个时期的唐弢通过杂文对当时中国社会、历史、思想、文化、人生、人性等诸多方面存在的各种问题进行探讨、解释。文章风格、选材、语调以及论证方式，既有散文化的倾向，又兼具杂文用笔老辣的一面，以至于很多人都认为这些文字是出自鲁迅之手。批判者将其作为鲁迅的新笔名加以围剿，称赞者为其从容老练的文风所折服。

多年后，唐弢（2010）谈到这些经历时表示：

年轻时我对旧诗有兴趣，从寄凡先生那里知道还有新诗，由胡适、周作人一直到新月派的诗。以后又读鲁迅，受到极大影响，以致有些杂文被国民党文人误认为是鲁迅写的。只有几篇文章，为了和国民党文人开开玩笑，我是刻意学习鲁迅的；但不是全学鲁迅，光是在笔调方面学鲁迅，那没有什么意思。鲁迅不主张这样，我也不赞成。

由于这个原因，人们都有意或无意地把唐弢的文章当作是鲁迅的，唐弢的稿件因此比较容易被刊发。这个才20岁的青年，依靠小学和中学积累的文字功底，在鲁迅及其作品的启发之下，逐渐受到文坛的关注。

1934年1月6日，《申报·自由谈》主编黎烈文邀请撰稿人鲁迅、郁达夫、林语堂、阿英、胡风、曹聚仁、陈子展、徐懋庸等十二人参加宴会，唐弢也在受邀之列。大家在互通姓名以后，鲁迅笑着对唐弢说："唐先生做文章，我替你挨骂。"唐弢听了之后很是紧张，说话都变得结巴了。鲁迅见唐弢的窘迫，调转了话题，"你真个姓唐？""哦，哦。"鲁迅看着唐弢，十分高兴，"我也姓过一回唐"，因为鲁迅过去用过唐俟的笔名，说完便呵呵地笑了起来。这次见面之后，唐弢全然打消了原有对鲁迅的印象，鲁迅不是一个多疑易怒、心胸狭隘、不易近人、冷酷好斗的文学大家，而是一个热情幽默、足可信赖的长者。

从此，唐弢开始与鲁迅通信，除了请教文学创作问题，还希望鲁迅在人生事业上给予一定的指导启发。唐弢组织的读书会，成员们都是通过阅读鲁迅作品了解鲁迅，鲁迅文章打开了他们的社会视野及思考方向，对所处的时代和社会现状有了清醒的认识。读书会希望进一步开拓阅读范围，想学习日语，还想请教一些关于社科类书籍的问题，于是大家推举唐弢向鲁迅写信请教。1934年7月鲁迅回信，鼓励他们通过自学掌握日语，并给出相关书籍目录。

在唐弢与鲁迅的通信过程中，唐弢注意到鲁迅对马克思主义学说是重视的。"鲁迅认为即使弄文艺理论或文艺创作，也要掌握正确的立场、观点和方法，他主张学会一种以上的外语，以便比较对照，弄懂原意，准确地研究马克思主义书籍和革命文艺，总要懂点俄文才好"（林伟，2019）。这无疑给了唐弢很大的启发。同时，鲁迅还在通信中多次建议唐弢要多读历史。他指出：中国并没有一本好的历史书，即使是处在旁观者角度的外国历史书，也并不令人十分满意。最后只得查阅各朝野史及笔记，自己去把握材料，自己去作判断。1936年4月，唐弢在鲁迅和陈望道[①]的帮助下，由当时的上海天马书店出版第一本杂文集《推背集》。

二、编佚鸿篇巨著《鲁迅全集》

1936年10月19日，鲁迅先生因病逝世。随后，上海各界酝酿成立"鲁迅先生纪念委员会筹备会"，推举蔡元培、宋庆龄、沈钧儒、内山完造、茅盾、许广平、周建人等为筹备委员，经一段时间的协商之后，终于在1937年7月18日正式成立了以蔡元培、宋庆龄为正副主席的"鲁迅先生纪念委员会"，

---

① 陈望道（1891—1977），男，汉族，中共党员，浙江金华义乌人。早年留学日本早稻田大学，学成后回国后在浙江第一师范学校任教，后又返回故乡翻译《共产党宣言》。1920年5月，任《新青年》编辑，与陈独秀、李汉俊、李达等酝酿组织马克思主义研究会。

其成员有郭沫若、周扬、夏衍和美国作家斯诺、海伦夫妇以及各方代表人士总共约六七十人。1938年，复社发起并筹划出版《鲁迅全集》。据《上海出版志》记载，复社成立于1938年初，由胡愈之、许广平、周建人、郑振铎、吴耀宗、陈鹤琴、张宗麟、孙瑞璜、王任叔、冯彬符、胡咏骐、黄幼雄、陈明等20人集资合办，每人50元。

唐弢在鲁迅逝世后，创作了许多纪念散文告慰亦师亦友的鲁迅先生，表达自己的崇敬之情。在这之后，每年鲁迅逝世的周年，唐弢都会写文章纪念，希望人民不要忘记先生对民众、民族的期望。随着对鲁迅思想的进一步理解，唐弢开始有意识地评价、研究鲁迅作品。1938年，复社筹划出版《鲁迅全集》，很快便成立《鲁迅全集》编辑委员会，成员有蔡元培、马裕藻、许寿裳、沈兼士、茅盾、周作人、许广平等，实际负责工作的是郑振铎和王任叔；工作人员则有唐弢、柯灵、谢澹如、胡仲持等，并设立了"鲁迅全集出版社"。

全集的编辑计划起草者为许广平、郑振铎和王任叔（巴人）。许广平在各方人士大力协助下，很快搜集到许多已刊、未刊的文稿，然后加以抄写、整理、分类，大家协商后拟出编辑计划，又经上海文化界各方友好人士的集体编审，最终依据和参照鲁迅生前手订的著述目录，确定出最佳编辑方案。原来鲁迅的著作在其生前，都是按写作年代和类别陆续编集出版。晚年他还计划将自己三十年间（1906—1936）的所有著述集成一部，自行编印，分为十册出书，并曾抱病拟定了有关"三十年集"的两件著述目录；其中一件，还将从事文学写作三十年间的数十册著述，按内容性质或写作背景、环境等，分为三大类，寓意深远地命名为"人海杂言""荆天丛草"和"说林偶得"。而1938年版全集正是参照著述目录二纸，依据"三十年集"编目为基础，再加上其翻译作品和当时所能收集到的散见于各种报刊上的各类文章，统统汇编一起，并按各书年代和类别分编为二十巨册（张小鼎，2005）。

《鲁迅全集》最终印制时，大部分用初版本发排，少部分用原稿抄件发排。当时承担文稿校对任务的仅十人，其中专业与业余的各半。唐弢当时在上海坚持抗日救亡斗争，主动请求参加了《鲁迅全集》的编校工作，开始辑录鲁迅佚文；同时他还和许广平、柯灵、吴观周等人志愿担任二校。在紧张的工作之余，他们只能是挤出时间看校样。1938年6月，二十卷六百万字的《鲁迅全集》问世发行，唐弢在编校过程中贡献出自己的力量。

被誉为"现代中国社会的百科全书"的《鲁迅全集》刚一出版，即受到国内外各方人士和广大读者的热烈欢迎。由于它是第一次全面系统地整理鲁迅的著作、翻译及部分古籍辑录，内中既有不少业已绝版多年的译著，如《月界旅行》《会稽郡故书杂集》和一般读者当时极难觅求的苏联名著《毁灭》等，还有不少是首次问世与读者见面的未刊稿，如《汉文学史纲要》《古小说钩沉》等（张小鼎，2005）。

三、完成《鲁迅全集补遗》及续编

1941年12月8日，日军进入上海租界，"孤岛"陆沉。在危如累卵的时局之下，唐弢离开了邮局，进入联华银行任职秘书。由于对新工作属于外行，除了草拟一些文书，并无具体事务，这样反倒有时间开始了《鲁迅全集》的补遗辑佚工作。1946年，即鲁迅逝世10周年时，他编成并出版了15万字的《鲁迅全集补遗》，中华人民共和国成立后的第三年，又完成了35万言的《鲁迅全集补遗续编》（后均收入新版《鲁迅全集》中）。这些补遗文章的搜集考订十分艰巨繁难，凭着对鲁迅思想及创作的全面深刻了解和巨大热忱，唐弢出色完成了这项难度甚高的工作，为保存和传播这份宝贵的文化财富作出了贡献，受到各方的好评。这两本具有很大影响的书给唐弢带来了很高的声誉，以后凡有新发现的鲁迅佚文，当事人都希望请他做最后的鉴定。

唐弢从自己搜集的鲁迅书籍和刊物杂志入手，从鲁迅已经出版的作品、曾经发表或编辑过的报纸杂志入手。唐弢"从《新青年》第六卷第四期找到鲁迅发表的重要一首新诗《他》，从《小说月报》第十二卷第十期找到《近代捷克文学概观》和《小俄罗斯文学略说》，从《晨报副刊》上找到《观北京大学生演剧和燕京女校学生演剧的记》《看了魏建功君的不敢盲从以后的几句声明》和《关于小说世界》等文章，还有从《语丝》《北新》《现代》《文学》《论语》《申报》副刊《自由谈》上爬梳剔抉式地找到鲁迅的轶文"。除此之外，唐弢还通过友人的帮助，广泛搜集佚文。"他从戴望舒借抄《越社丛刊》上的署名周作人的《古小说钩沉序》……从许广平处借得由读者寄给她原发表于民国三年的绍兴《民兴日报》副刊的《艺术杂话》……从黄源处，唐弢收录了由黄源通过鲁迅在江湾劳动大学的演讲而笔录的《关于知识阶级》一文"（林伟，2019）。

1946年10月1日，唐弢还在《文艺复兴》第一卷第三期发表《＜鲁迅全集补遗＞编后记》，后收入《鲁迅全集补遗》。文章回顾了自己主动参与1938年版《鲁迅全集》校对，以及后来自己陆续从事鲁迅佚文的辑佚的过程。1946年10月，《鲁迅全集补遗》由上海出版公司出版发行，共收录鲁迅1912—1934年的文章五十一篇，鲁迅笔名补遗九个。1938版的《鲁迅全集》当时并未收入鲁迅的译著，唐弢在1947年11月1日的《文艺复兴》第四卷第二期发表了其搜集的《重订鲁迅译著书目》。

在参与编校1938年版《鲁迅全集》后，唐弢在10月18日写了《关于＜鲁迅全集＞（1938年版）的校对》一文。文章对自己在1938年版《鲁迅全集》文字校对方面的情况做了说明，表达了自己对鲁迅在古文字方面的造诣的敬佩，也为这次编校中没能把鲁迅在古文字方面"极为谨整"的用字方式、风格体现和校对出来，表示了很大的遗憾。在此次的辑佚和编校的过程中，唐弢对鲁迅在"小学"（文字、音韵、训诂）方面的深厚研究具有深刻的印象，唐弢为此下了很大的功夫。最终，唐弢的《鲁迅全集补遗》《鲁迅全集补遗续编》上下册中对鲁迅著作的辑佚，准确地把握和判断"小学"造诣很深的鲁迅在遣词造句上的独特习惯,是经过了一番苦功的,进一步表现出他在搜集、核对、整理、鉴别史料的功底。

唐弢编辑《鲁迅全集补遗》的目的,一方面是补齐鲁迅作品,"修泽世之遗教",以鲁迅的文章唤醒国民培育现代科学与民主精神;另一方面是希望能抛砖引玉,"我之所以敢于肩起这份辑佚的工作,率先登场看,无非是跑龙套打头阵,多少含有一点期待的意思"。最后,唐弢还想通过编辑和出版这本《鲁迅全集补遗》,来纪念鲁迅逝世十周年。但是,限于历史客观原因,不仅时间仓促,又是日军全面侵华,许多因为缺乏明确佐证的疑似文章的存在,搜集范围不断扩大,各种证据、资料和当事人的出现,使得辑佚工作时断时续,这项工作一直持续到新中国成立,一直到唐弢晚年。对此,许广平高度赞赏了唐弢的辑佚工作(唐弢,1946):

希望有像唐弢先生一样的热心文化事业者和我们合作,使鲁迅著作更得一全豹之窥。然而这也谈何容易,世变益亟,大家谋生救死不暇,文化的被搁置自然是更属应当的。要像唐先生的搜辑工作也不是易事。据我所知,就在日本投降之前,恐怖至极的时候,文化人陆续被捕受苦的真是家常便饭,毫不为奇。而柯灵先生等,谁都知道和唐先生在文化事业上是有不少合作的了。柯灵先生一再被捕,坐老虎凳,备受酷刑,难道唐先生不应作漏网想?于是弃家出走,丢下老母稚子而躲藏别处,就在这生死之际,仍不忘于文化事业的保存,日夕向图书馆走,查抄,以有今日的十数万字辑佚。这是用辛苦忘我的舍生精神博取来的收获。凡读到这书的,应当想到这一字一句,是和患难结合过的:来处不易……

第四节　编辑《文汇报·笔会》

一、"抗战名作推荐"特辑

　　《文汇报》副刊《笔会》创刊于 1946 年 7 月 1 日，这是由柯灵亲自策划的文艺综合性副刊，刊名由柯灵所取，刊头题字由钱锺书所书。《笔会》继承了《世纪风》的风办刊格，文章多以反对独裁、要求民主自由为基调，但在内容、题材、形式上则力求多样。由于柯灵既是《周报》的创刊人，也是《文汇报》的主要编辑，两份报纸之间自然有千丝万缕的联系，而且发展成为在时事评论中共同进退。两家不但在稿件资源上互相使用，还在重大的事件和议题上彼此呼应。也是因为柯灵的关系，在《周报》末期风雨飘摇之际，唐弢经介绍柯灵加入《文汇报》编辑副刊《笔会》。

　　这时的唐弢，已经有了编辑《周报》的经历，在和柯灵的合作中又增长了不少编辑经验，唐弢的编辑思想趋向成熟。鉴于之前的两人合作成功的经验，唐弢任《笔会》编辑时，策划编辑了几个特辑，使《笔会》赢得了普遍的赞誉。1946 年 10 月 19 日，是鲁迅先生逝世十周年的纪念日，唐弢专门策划了"鲁迅先生逝世十周年祭专辑"，与此同时，冯雪峰的《鲁迅回忆录》开始在上面连载。此外，唐弢还推出了四个特辑，分别是"抗战名作推荐"特辑、"闻一多哀悼"特辑、"普希金纪念"特辑和"译诗"特辑。其中，"抗战名作推荐"特辑是《笔会》的第一个特辑，刊载于 1946 年 8 月 16 日。这是一个很有特色的特辑，最受抗战胜利后人们的关注。因为抗战胜利一周年，《笔会》打算发刊纪念，却又觉得现实状况实在乏善可陈。有一天，唐弢找郭沫若。其时，郭沫若已从重庆来到上海，正着手《文汇报》的改革。郭沫若在《文汇报》副刊改版后,创刊了一系列用"新"字打头的周刊:《新文艺》《新思潮》《新社会》《新经济》《新教育》《新科学》等,郭沫若任这些周刊的总主编。唐弢恰巧在这里读到了一封来自延安的信,信是由工L.(时为中国共产党和谈代表团的成员)写给M.Z.即郭沫若的,信的开头是这么写的:"沫若先生:……回延之后。请假休息,逍遥自在,看了一些解放区的文艺作品,拣好的送你两本……"唐弢读到这封信后,不禁思绪万端。郭沫若见状说道:"这样吧,我们自己来纪念自己,总不能说文艺创作也没有一点成绩吧!"于是,唐弢决定选刊"抗战名作推荐"特辑。

唐弢在该特辑发表的《编者赘言》中写道:"胜利一年,我们这小小副刊也想申一份祝贺之意,然而我们祝贺些什么呢?诗人闻一多之被暗杀吗?作家夏丏尊之贫病而死吗?小说家郁达夫之失踪吗?译者金人之被囚禁吗?胜利了,时间已过去一年,我们的心却只有更加沉重。多少文艺工作者都在迫害下流亡着,多少书报被禁止出版,内战日益扩大,文艺工作者却在一天一天……"这些话,是对当时政治时局的控诉,呐喊出"反内战、反专制、争取民主"的声音,表达了唐弢在抗战胜利之后,对和平、民主应该实现的渴望,而眼下民众却被压迫依旧、战争依旧,对现实极度地失望、不满。在唐弢进行文学创作的同时,也记录了广大民众的生活和遭遇。

二、"闻一多哀悼"与"普希金纪念"特辑

"闻一多哀悼"特辑虽然和《文汇报》其他刊物同时发行,但在当时风雨欲来的形势之下,仍然充满未知和危险。这个特辑发表了三篇文章:辰伯(吴晗)的《闻一多先生之死》、季风的《在一多先生灵前》等几篇文章。吴晗素来敬仰闻一多的学问和人品,对他反抗迫害、争取民主自由,以及慷慨赴义的英勇行为,非常感佩,接连写了几篇追悼闻一多的文章。这些文章,吴晗皆是一手执笔、一手拭泪有感而成。唐弢向吴晗约稿时,

亲眼看见他这样在写作，"激昂慷慨，满纸风云"。不久，报刊再次受到当局的警告和恐吓。为了生存，唐弢和柯灵不得不改变策略，为缓和气氛，遂推出了"普希金纪念特辑"。这个特辑名义上是介绍和纪念普希金，但仍然是暗含以古讽今的意思。"普希金纪念"特辑是对"闻一多哀悼"特辑刊出后紧张气氛的缓和、调节，是一种报刊在当时新闻和言论不自由的情形下求生存的策略。"译诗"特辑则是由于《笔会》在此方面的投稿太多，为减少稿件积压专门编成了一个特辑，集中一次发表了，聊胜于无。

1947 年上半年，国内局势恶化，国民党政府颁布了所谓"戡乱"命令。5 月，《文汇报》被国民党政府查禁，《笔会》也随之停刊。

《笔会》副刊从 1946 年 7 月发刊，到 1947 年 5 月停刊，只存续了十个多月。在风雨飘摇的时局里，唐弢和柯灵承受了巨大的压力，依然坚持发出振聋发聩的正义之声。唐弢认为：一个副刊，如果每天只是几篇散文、几段随笔、一幅漫画、一个长篇连载，这种形式未免过于单调。所以他主张定期出特辑或者专刊，让读者换换口味，能够对刊物有点新鲜活泼的感觉。当然，特辑或者专刊也不宜过于频繁，因为这样又会模糊刊物的特征和个性，报刊的精神面貌也就不容易得以体现，从而损害一个刊物应有的性格。唐弢的这种编辑思想，是很有远见卓识。这是他的编辑经历中逐渐体悟出的经验，对我们现在的副刊的编辑，仍然有着借鉴意义。经过《周报》和《笔会》的编辑，使唐弢切身体会到言论自由和新闻自由的重要性，深切体会到了鲁迅在杂文中所表现的为民主、自由而呐喊的深刻内涵，从而加深了对鲁迅杂文和鲁迅精神的理解。唐弢也深刻体会到了国家实现民主自由的可贵，也体会到了在中国要建立个民主、自由、强大的国家的艰巨性和紧迫性。

第三章

邵洵美：千金散尽的诗人出版家

第一节　狮吼社：与出版结缘

第二节　金屋书店：唯美文学的实践

第三节　时代图书公司：文化期刊的出版与变革

第四节　《论语》：幽默半月刊的闲谈古今

第五节　《自由谭》：诗人出版家的文化抗战

邵洵美（1906—1968），祖籍余姚，出生在上海的官宦之家，家世显赫。新月派诗人、出版家、散文家、翻译家。作为诗人，邵洵美的诗作唯美、颓废，在中国新诗坛中独树一帜，但他最重要的角色还是作为出版家而存在。邵洵美的出版活动为当时富有才华的青年人搭建起展示文学、绘画和翻译才能的空间，积极推动中国新诗创新和创作。他在中国文艺界的角色一直在变，由最早的新月派诗人，到文艺书店的老板、文学期刊的编辑，再到在出版家角色加持下的文艺批评者和时政批评者。他有句名言："钞票用得光，交情用勿光。"他"为文化"而出版，毁家兴书，有"海上孟尝君"之称。他将提高大众整体文化作为编辑宗旨，为中国现代文艺发展散尽千金、耗尽家产。

第一节　狮吼社：与出版结缘

一、与狮吼社一见如故

邵洵美早期的文学活动和出版实践要从与狮吼社的结缘说起。狮吼社于1924年成立于上海，主要成员有滕固、方克涛、章克标等，先后创办了同人刊物《狮吼》《新纪元》。1926年，邵洵美从欧洲回国，途经新加坡时阅读到新出版的《狮吼》，觉得格外亲切，再加上杂志上刊发的《希腊文学中之浪漫主义》《英国文学中之浪漫诗派》等文章非常契合他的浪漫、唯美风格，于是他对狮吼社这个文学组织产生了浓厚的兴趣。回国后不久，邵洵美就联系上了狮吼社，与狮吼社骨干成员更是滕固一见如故、交谈甚欢，随后便加入了狮吼社，成为他们中的一员。邵洵美和狮吼社的投缘绝非偶然。他在欧洲生活学习的几年，最初崇拜古希腊女诗人萨福，后来又对唯美主义诗人斯温朋、罗赛谛、魏尔兰、波特莱尔等顶礼膜拜，写过不少追求官能享受的诗篇，甚至模仿波特莱尔的《恶之花》，将自己的诗集命名为《花一般的罪恶》。

1926年8月狮吼社出版同人丛著第一辑《屠苏》，刊登了邵洵美的四篇诗歌译作，这是他回国后首次发表的作品，是他正式跨入文学期刊编辑领域的标志（王京芳，2007）。也就是从这个时候开始，邵洵美以狮吼社为文学平台，编辑文学刊物，渐渐成为继滕固之后狮吼社后期阶段的核心人物。

二、编辑《狮吼》月刊

邵洵美主持狮吼社社务以后,凭借其雄厚的经济实力,先后推出了"狮吼社丛书"和《狮吼》月刊(1927年5月—1928年3月)、《狮吼》半月刊复活号(1928年7月—1928年12月)。

在编辑《狮吼》月刊时,邵洵美还是当时南京市政府的一名官员,但他血液里流淌的文学情怀,让他选择加入文学出版的行列中。他想利用在南京从政的有利条件,扩大《狮吼》月刊的影响力,使之成为一份有理想的刊物。诚如他在《狮吼》月刊第1期上刊发的编辑随笔《再生的话及其他》所言(周海波,2018):

我莫名其妙地回国了,然后莫名其妙地认识了若渠水淇,又莫名其妙地碰见了克标光慕;大家聚在一起,把已逸出人们记忆的《狮吼》改为月刊继续出版。

在这里不得不重提一些旧事,《狮吼》在前年出版了十二期便停刊了,去年春天又办了个《新纪元》,也只出了二期就停止了。此中原因,果然很复杂,但总结起来,不外乎:一,各人为私事所羁绊;二,书贾的神圣;三,金钱的作祟。但读者对于吾们的同情,却仍旧继续存在着。这是我们可以以去年年底出版之四不像的《屠苏》的销数来推测到的。我们万分感激而自幸的。

我们的结合,只是良心的结合,我们所求的,只是对得住自己(同时也想求对得住别人)。我们大家各有各的性格,各有各的志趣,各有各的嗜好,各有各的信仰;我们现在虽是各个分裂的,以后想找一条前线来进攻上去。

我们从《狮吼》的再生决定后,光慕远游长沙,克标卧病乡里,这一期的稿件中,所以没有他们的作品,这一期今年二月中收集的稿件,一星期差不多齐了,同人的热心是用不着我们自己来吹嘘的。

出版《狮吼》月刊，邵洵美既是编辑，也是主要撰稿人。《狮吼》月刊第一期共刊登了邵洵美、滕固、徐志摩等作者和译者的27篇文章，文体包括诗歌、小说、论文、随感、杂文等。这一期刊物不分栏目，单以作者为序进行排列，足见其编辑的自由和随性，也真正实践了邵洵美所言的"我们所求的，只是对得住自己"。这种以自我为中心的编辑方式，也在一定程度上体现了同人期刊的编辑理念。这一期的首篇是邵洵美的诗作《Sphinx献诗》，他将狮吼社及其刊物比作是一头大狮子，诗中既寄寓他对刊物及其狮吼社同人的鼓励，又呼应了刊物的名称。

献诗

你背上是几千万顷的砂石；
你身后是几千万重的山峡；
你目前是几千万重的河流；
你耳旁是几千万声的呼吁。
啊，你这神秘的猫形的东西，
你以哑谜作你锄莠的利器；
但是自从被 Oedipus 猜透了，
你便不声不闻地倒下在地。

如今吓，你也变了偶像之一，
在风雨的摧残中饮声吞泣。
命运使然吧，你底胜利失败，
但又何曾埋没了你底心迹？

去去，过去的是过去的陈迹！
你有吓，你有将来的事业！
再去逞你良心上的欲求吧，
你除了一个哑谜岂没别的！

三、出版《狮吼》复活号

　　《狮吼》月刊在出版第 2 期时便遇到了多种困难，好不容易出版了第 2 期，又面临着停刊。停办《狮吼》月刊，重新创办《狮吼》复活号，与刊名及刊号有关，也与刊物的归属相关。"《狮吼》半月刊变成《新纪元》。《新纪元》变成《狮吼》月刊，《狮吼》月刊现在又变成《狮吼》半月刊了。此中的经过与我们的苦衷也不用到在这里讲了，好在从此我们当重新做起。我们，只有三个希望（1）从此不再停顿或脱期，（2）能一清这混乱的文坛，（3）多得几位同志（邵洵美，1928）。"邵洵美的这番表达，体现了他希望通过独立办刊、独立出版，努力扩大《狮吼》杂志的影响力。彼此，他已经创办了金屋书店，《狮吼》月刊第二期事实上也是由金屋书店出版，为何依旧沿用《狮吼》的刊名？只能说，他太喜欢《狮吼》了，从当年在欧洲与狮吼社神交，再到回国后加入狮吼社，直至成为其核心成员，他在这个刊物中倾注了自己的心血与文学理想，因此实在难以舍弃。

　　与之前的《狮吼》相比，《狮吼》复活号加大了文学评论的力度。每一期都刊登作家作品评论的文章，尤其从第 4 期开始，推出了特别栏目：介绍批评与讨论，这个栏目成为《狮吼》复活号最有分量、最有特色的一个栏目。关于这个栏目设置的初衷，邵洵美在第 4 期"我们的话"中提到："这一期我们添设了一栏'介绍批评与讨论'，是对于新出版的介绍与讨论。里面的文章由我们几个人分期担任，也极欢迎投稿。批评的方针纯以艺术为前提，态度务求忠实与认真，不作带妒忌与中伤色彩的谩骂。极希望以我们的介绍能使读者格外了解作者,而作者则也勉力而产生更良好的作品。在本栏里我们更愿意尽我们的力量来答复一切关于艺术上的问题。"他同时指出,这个栏目的文章均不署名,一切都由刊物负责。他在"介绍批评与讨论"栏目共发表了12篇文章,内容涉及关于创作、翻译的评论,以及对文学理论、文学界相关问题的讨论与分析。评论文章中多涉及鲁迅、梁实秋、郁达夫等当时文坛的重量级人物,意图通过批评这些重要人物而扩大刊物的影响,用今天的话讲,就是这些重要人物自带流量。同时,邵洵美也希望通过这些评论来表达自己的文学主张。

《狮吼》复活号的另一个突出的成就是对欧美文学的译介。复活号第2期"罗瑟蒂专号"刊登了3篇罗塞蒂和有关罗塞蒂评论的文章。从第4期起,"介绍批评与讨论"栏目也刊发了大量评论欧美文学的文章。《狮吼》复活号刊发半年后,邵洵美决定再办一本体量更大的文艺期刊《金屋月刊》,于是《狮吼》复活号停刊。他在"我们的话"中提到了刊物停办的原因:

惯常刊物停办的时候总是一件很不开心的事情;而每一个编辑者便总得发一篇牢骚,但是我们的情形却绝对不同。

……

我们这次可以说完全是为了要努力而牺牲,牺牲金钱又牺牲时光;因为我们竟把销路极好的《狮吼》半月刊停办了而去为《金屋月刊》撰稿;我们希望在那里与读者有多谈些话的机会。

第二节 金屋书店:唯美文学的实践

20世纪20年代后期,中国出版事业有了长足的发展。以商务印书馆、中华书局、光华书局和世界书局为核心的一批出版机构,形成了中国现代出版的基本格局。这个时期，新旧文化交锋激烈，使得一些中小出版机构应运而生，成为当时出版业的一股生力军。邵洵美创办的金屋书店，便是其中之一。

一、从文学期刊编辑到书店老板

按照林淇的说法，关于邵洵美创办书店的原因是自己出版文学作品遭遇大出版机构的怠慢。"他的第一本诗集《天堂与五月》，当初交托光华书局出版不是一说就成的，而是几经洽谈，书局老板沈松泉才接受下来。……现在，邵洵美自办书店，了却了自己的心愿，出书不必再求他人了"（林淇，2002）。这个说法也得到了邵洵美夫人盛佩玉的印证，她说："这个时期，可以说是洵美写诗歌兴致最浓的时期。自己有了书店，出版不用求人。不像《天堂与五月》还要拜托'光华书局'出版"（盛佩玉，2004）。个人作品出版受阻，固然是邵洵美创办书店的直接原因，但归根结底是因为他希望在出版事业中寻找到自己的文学理想。邵洵美认为，出版在当时的大上海作为一种新型的文化事业，蒸蒸日上，像商务印书馆、中华书局等大型出版机构的注意力多集中在教科书出版上，对于其他类型的出版物尤其是文学艺术方面的并不关注，甚至觉得它们毫无经济利润可言。还有一点，邵洵美对当时的一些出版机构存在的腐败和唯利是图的现象，表示不满，凭着雄厚的家底和诗人的意气投入这场出版的"游戏"中。

1928年3月，经过充分酝酿筹备，坐落于静安寺路斜桥的金屋书店开张。这是邵洵美创办的第一家出版机构。从书店的名字、装修的风格到出版的书刊，无不体现其独特的审美倾向和唯美主义风格。当时的报刊对他创办书店一事多有报道，其中《上海画报》在书店开张前，对金屋书店的创办宗旨、极致内容和唯美风格有如下报道（汉民，1927）：

大文学家邵洵美君、鉴于我国出版事业之腐败，书估唯利是图，蔑视著作家之地位，于印刷装订上又不加研究，较之欧美日本，相去判若霄壤，不胜愤愤、因拟与张景秋君等，合资开办一海上最高尚之文艺书店，于静安寺路云裳公司相近，闻书店装潢，悉取法近代欧洲最新式者，店门橱窗皆漆金色，及绘黑色花纹，所出版之书籍、皆为我国著名新文学家，如郁达夫、滕固、张若谷等之杰作、印刷装订但求美观，不惜工本，现已绘成封面图案多种，即将交专业装订之俄人某，以各色草料装订之，于开幕之日供来宾参观云，闻此理想之书店，不久即能实现，是实我国出版界之大光荣也。

书店名字取自法文"La Maison d'or"的中译——金色之屋，虽并非如真金般富丽堂皇，但邵洵美把"店门橱窗皆漆金色，及绘黑色花纹"，学习欧洲建筑装潢的最新式样，使得室内外的布置相当精致。开张之时，也引来众多文艺界名人的祝贺。金屋书店出版的书刊注重封面设计、装帧、纸张的选择，强调形式的美感。"取名金屋，倒不是来源于'金屋藏娇'，这个屋里没有阿娇，坐在店堂里的是邵洵美请来当经理的亲戚毛东生和一个发行推销员。书店取名是受英国《黄皮书》（*Yellow Book*）的启发。邵洵美十分喜爱这种黄皮书，说也奇怪，他竟醉心于它的黄金封面。金子是黄色的，黄色也就与金子相通连了。书店起名金屋就是以义于此"（林淇，2002）。这个说法固然有一定的道理，但事实上邵洵美既看重"金"，更看重"屋"，而且是金色的屋。屋是一个空间、一个场所，是他和同人们、朋友们聚会的地方，在这里，屋作为"公共领域"而存在。诚如邵洵美在《金屋月刊》（图3-1）第2期"金屋谈话"中作为编者回答读者来函中言所："我们的杂志虽然是黄色，我们有几篇文章虽然与他们有些相像，但是我们绝不是希望模仿他们，这是我们要你了解的。我们对于文艺并没有什么主张，因为我们以为'文艺便是文艺'，绝没有别的作用；那么除了'为文艺而文艺'外，自不容有别的主张。我们不久当有讨论的文字刊登，不在这里多讲了。"

二、金屋书店：充满书香气的"花厅"

邵洵美笔下的"花厅"就是指"沙龙"，是"沙龙"的另一种译法。邵洵美非常推崇的一种沙龙文化活动，虽然他那时还没有对沙龙有明确的意识，但是他对之前在曾朴组织的沙龙活动产生浓厚的兴趣。1933年《时代》画报第4卷第7期发表了邵洵美的文章《花厅夫人》，

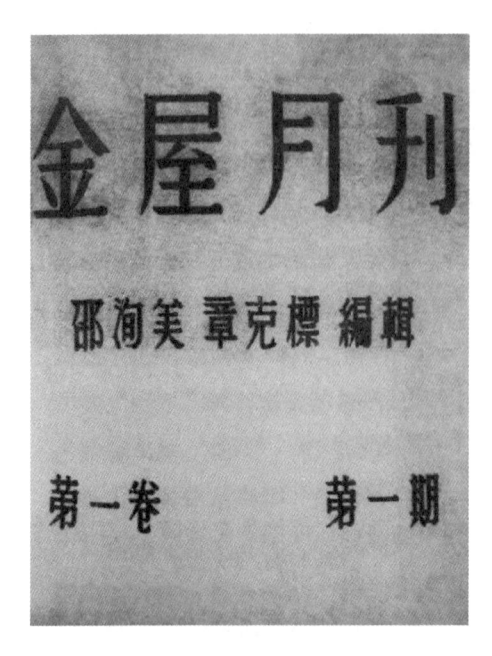

图 3-1 《金屋月刊》封面

文章的核心是通过向读者介绍弗里茨夫人，指出花厅对当下中国社会的作用，并阐述了花厅与文学的密切关系。他基于对文化及其传播的深刻理解，表达了花厅之于文艺发展、国民素质养成的重要意义。他针对好友徐志摩"我们应该想个什么法子把文学打进社会里去呢？"的忧虑，提出"我们能不能把文学从麻雀扑克手里夺回它的地位"，言下之意就是要使文学走向大众化，使文学成为"社会人士相当的提倡""变成大众的需要"。那么如何才能让文学走向大众化呢？邵洵美认为，"最好从男女的交际入手"，在他看来，"一个交际叙会，他们的谈话一定会把文学作为题材，那么凡是在交际场中出入的，或是希求侧身交际场中的，谁犹敢不把翻读文学作品作为人生的条件之一呢？先把他当装饰品，领略到了真趣便自然认为终身的伴侣，这便是诗与小说家涌户传的时候，他便有了发达的可能。于是文学的势力也增加了，人们的知识也增加了。任你开设多少爿学校，多少爿教育部，我想你发生的效力绝不会有他这样的大"。这种把花厅等交际

场所的文化影响力，看得比教育还重要的观点有点片面，但是却能印证邵洵美对花厅在文化传播上的强大力量的坚持。

花厅具有如此大的力量，那么"花厅夫人"便是大家最需要的人物。之所以是夫人而不是先生，是因为女性具有天然的亲和力，在营造温馨的家庭氛围中当仁不让。当然，成为"花厅夫人"，仅有亲和力是不够的，还需要有一定的文学修养，懂得诗歌与文学，懂得绘画、音乐等艺术。邵洵美认为，留沪多年、来自匈牙利的弗里茨夫人是值得介绍与钦仰的代表人物。弗里茨夫人是当时的上海滩著名的社会活动家、上海社交界的明星，她经常在家里举办派对、舞会。学贯中西的胡适在日记里曾经提到弗里茨夫人沙龙，"是很有学问的人，他们谈欧美的音乐戏剧，我竟毫不知道，惭愧得很"。可见，邵洵美对弗里茨夫人的推崇，是有其道理的。

金屋书店开张后，一是出版了《金屋月刊》，二是以出版文艺著作为主，著译并重，倾向文学。这里的确高朋满座，滕固、郁达夫、曾朴父子、徐志摩等等，都是金屋书店的座上客。邵洵美和他们在此读书说文、品茗聊天，营造气氛活跃的文学场域，一些出版的选题也在此产生。"在文艺茶话这里，'沙龙'的两个内涵得到了比较和谐的统一，一边聚谈，一边展览，从而建构了一个全新的'沙龙—出版—展览'体系，这是文艺茶话这个团体很特别的地方"（费冬梅，2015）。单就文学出版来说，邵洵美的"花厅"为新文学贡献了不少优秀作家和作品，这些作家的作品都有一定的艺术追求。

三、诗性追求与唯美理想下的图书出版

金屋书店出版的图书，最精致也最讲究。首先是用纸讲究，不同出版物使用不同的纸张，做到与内容的完全协调一致，形式与内容的相得益彰；其次是封面设计非常讲究，追求简约风格；最后是由于用纸质量考究，导

致定价昂贵，没有考虑出版市场的实际和读者的购买力。以上只是邵洵美出版的唯美追求的一个方面，对文学的诗性追求是他做出版的另一个方面。这位"天生的诗人"，有着诗人的性格和诗的追求。作为出版者，他试图将利益的追求建立在诗与美的前提上，如果没有了诗与美，他甚至宁愿没有利益甚至亏损。

与书店精致的装饰相得益彰是书店的出版物类型也非常丰富，当时的《上海画报》有篇文章曾对此有过描述（生生，1928）：

近来海上舞潮正酣的时候，纸醉金迷、乐而忘死，至少我们有时也有些厌倦罢。那么我们来介绍给诸位，新近开设在静安寺路上的"金屋"书店中的几本新书。

"金屋"的主人，是酷爱文学而能了解文学的邵洵美先生。他筹备这"金屋"确煞费苦心。他特约了海上极为有名的作家，好像滕固、郁达夫、张若谷、黄中诸先生，为他长期的撰述。大约在最近期内，他们预备就用"金屋"的名字，出一本定期的刊物。酷好文学的读者们、这大约也是一个好消息吧。

现在他们已经出版的书，有滕固的《平凡的死》、黄中的《妖媚的眼睛》、邵洵美的《火与肉》与《一朵朵玫瑰》、张若谷的《文学生活》、章克标的《爱欲》等；将近出版的，如郁达夫的长篇小说《蜃楼》，黄中的《三角恋爱》《髑髅》《海啸》和张若谷的《歌德的维特》，朱应鹏的《永久继续下去》等，都是很深刻的杰作；还有《狮吼》的第二期，也由他们继续出版。另外还有许多书，诸位有闲，不妨去参观一下。

从以上的描述来看，邵洵美侧重于创作与翻译并重的出版选题特点。《金屋月刊》曾经统计并刊登过"金屋书店已出版之新书"，共计有20部新书（周海波，2018）。

在这 20 部新书中，同人作家创作 14 部，小说 7 部，诗集 2 部，文学论著 3 部，散文 1 部，戏剧 1 部，涉及的文体多而全。这些新书从不同角度反映了新文学的创作，展现了同人们的创作能力与成就。洵美本人最为重视的，应该是其诗歌的创作、翻译和评论。20 部新书中，邵洵美的作品占了 3 部。他创作的诗集、译著、文学论著各 1 部，分别是《花一般的罪恶》《一朵朵玫瑰》《火与肉》，这三部作品也正好展现了邵洵美在文学艺术追求上的三个侧面，唯美、浪漫、极致，就像是他对从事的出版的完美执念一般，必须是作品好、印刷好、从内容到装订都要达到完美的地步。他的新诗创作主张是，每一个时代有每一个时代的韵节，每一个时代又总有一种新诗去表现这种新的韵节，他的诗集已经呈现了新诗的某些特质。

第三节　时代图书公司：文化期刊的出版与变革

20 世纪 30 年代前半段，是邵洵美出版事业的鼎盛时期。这一时期，他全面参与投入时代图书公司，不仅在图书出版方面取得成就，还创办了多本期刊，涉及文学、艺术、科技等；还购买了当时最为先进的影写版印刷机，创办了时代印刷厂。如果说早期的出版更多的是承载个人审美追求和文学理想，那么这个阶段已经寄寓了他对出版事业的新的理解，逐渐在精英文化的基础上逐渐走向市民大众，可以说，大众文化的出版意识已经成为这一时期创办的期刊的主旨。

一、影写版印刷机与《时代》画报

在邵洵美的出版宏图中，不仅要有自己创办的出版社，而且也要有自己的印刷厂，形成编辑、出版、印刷、发行等完备的出版体系，再加上拥有一支专属的写作队伍，这才是"洵美的梦"。"……但是洵美爱好的东西多，经常看的是外国杂志、画报。他最爱的是西方影写版印刷机，清晰，有质感，所以想到当时中国没有这种机器，如果自己有就可以印刷出版高质量的画报了！脑子里这么想，事在人为，居然不久就向德国订购了一架机器，又订了一些彩色版的小型印刷机，还从德国订了油墨"（盛佩玉，2004）。邵洵美夫人盛佩玉的这段文字虽然有个知识性小错误，因为当时的商务印书馆已经使用这项印刷技术了，良友图书公司的《良友》画报则是最早使用影写版印刷机，正是在这样的印刷技术背景下，邵洵美才如盛佩玉所言果断地决定购买最先进的印刷机器，以出版最好的《时代》画报。

《时代》画报创刊于1929年10月20日，由漫画家张振宇、叶灵凤创办，张振宇、张光宇、叶浅予、叶灵凤等担任编辑。创刊之时有与《良友》画报并驾齐驱的意图，无奈由于经营不善而陷入困境。印刷质量不好，是画报陷入困顿的主要原因之一，他们找到了有"海上孟尝君"之称的邵洵美，邀请他加入《时代》画报。对于邵洵美而言，本人虽一直致力于文学作品和文学期刊的出版，但他本身喜欢绘画艺术，于是欣然接受了邀请。邵洵美加盟《时代》画报后，开始在印刷用纸、印刷技术和印刷内容等方面进行了革新。1932年9月1日，购置的影写版印刷机投入使用，时代印刷厂正式开业。影写版印刷机极大地提高了画报的印刷质量，并提升了印刷效率。遗憾的是，一·二八事变爆发，日军入侵上海，邵洵美几经搬运，虽保住了影写版印刷机，但经济上蒙受了不可估量的损失。

1936年6月，在停刊了十个月之久的《时代》画报再行出版。这时的时代印刷厂也改名为时代印刷有限公司，除了印刷《时代》画报，还承揽了更多期刊的印刷业务。如邵洵美参与创办的《万象》《论语》《时代漫画》《时代电影》等刊物，还有如邹韬奋主编的《大众生活》期刊封面等。一台影写版印刷机在邵洵美的印刷业务中发挥了巨大的作用，1936年第84期《论语》曾刊登《世界影星集美》的发行广告，打的就是影写版印刷的牌，"保罗全世界闻名的电影明星用精美影写版印刷活页装订"（图3-2）。影写版

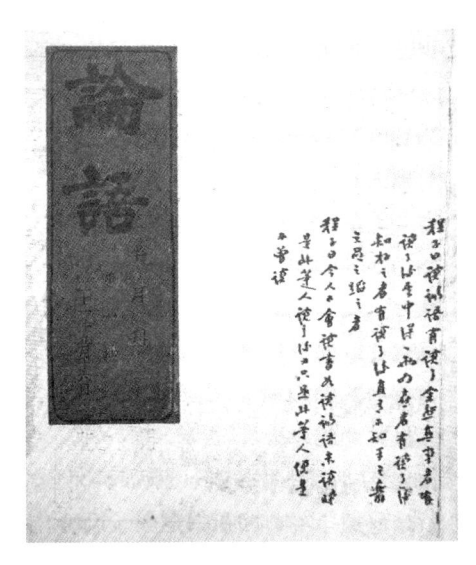

图 3-2 《论语》封面

印刷的艺术效果，远远好于一般的印刷质量，不仅清晰，而且富有立体感，色彩也更加真实。这种印刷技术实现了邵洵美由来已久的对出版美感和质量追求，也为他的出版事业鼎盛时代的到来打下了坚实的基础。

几十年后，著名画家黄苗子对邵洵美的女儿邵绡红（2006）说过这么一段话："《时代画报》《时代漫画》和《万象》对中国漫画的发展起很大的作用，漫画的发展也影响到绘画的发展。如果没有洵美，没有时代图书公司，中国的漫画不会像现在这样发展。当时中国的文化中心在上海，知名的漫画家都在'时代'，如张光宇、张振宇、叶浅予、鲁少飞等。"

二、时代图书公司出品的文化杂志群

1928年张光宇兄弟、叶浅予等六人合股创办《上海画报》，为便于发行，组建了中国美术刊行社，具体负责《上海画报》的出版与发行。这个中国美术刊行社，就是时代图书公司的前身。张光宇等六人都是画家，他们组成的出版机构类似一个草台班子，既不懂编辑，更不懂经营与发行，举步维艰。后来，张光宇和叶浅予又编辑出版了《时代》画报，还是经营不佳，于是《上海画报》和《时代》画报合二为一，更名为《时代》半月刊。随着邵洵美加入《时代》画报，中国美术刊行社的经营状况才有所好转，并在此基础上增资改组，于1933年11月成立了上海时代图书股份有限公司，张振宇担任经理，张光宇任编辑部主任。同年12月出版的《论语》第30期发布《中国美术刊行社改称时代图书股份有限公司启事》："本社成立以来，出版各种美术图书杂志，深得各界欢迎。兹拟扩大出版范围并求业务发展，特行增加资本，改组为股份有限公司。为切合名实起见，自十一日起改称时代图书股份有限公司（简称时代图书公司）。特此公告。"从此，时代图书公司成为邵洵美名下的主要出版机构之一，开启了邵洵美书刊出版的新篇章。

时代图书公司的业务主要是出版图书和期刊，除了已有的《时代》画报、《论语》杂志外，还创办了《万象》《时代漫画》《时代电影》《文学时代》等新的期刊。1934年，时代图书公司达到全盛时期，打出广告，号称旗下同时拥有五大品牌杂志。图书出版，偏向大众化文学和纯文学并重，出版了林语堂、老舍、郁达夫、邵洵美等知名作家的作品。

邵洵美接手《时代》画报后，决意将画报办成全国一流的画报，对其进行了一系列的改革，包括改良印刷和图版、革新内容和编排以及使用大众化、通俗化的语言等。他之所以如此热爱画报，并将其作为出版的主要内容之一，是因为他特别看重画报在文化普及中的重要意义，尤其是画报具有的启蒙教育意义。这与他一贯秉持的文化大众化的主张是一脉相承的。创办画报，办好画报，让更多的一般读者看到画报，让画报走进市民大众的生活。他在1934年10月10日《时代》画报第6卷第12期上发表了《画报在文化界的地位》：

从新闻学及教育的观点上，我的确对画报产生过极大的兴趣：这在我一部分的朋友是不了解的。有次在宴席上,一个朋友问我为什么曾经花了全副的精神去办画报,为什么不再办一个正正经经的纯文艺刊物?我明白他的意思,我的回答是:"为什么你们以为画报是不正经的呢?况且你办一个刊物,不是先应当有一般读者么?试问我们中国有这许多人口,但是报章杂志的销路为什么这样微小呢?普及教育唤了这许多年,为什么没有多大的成效呢?原因是你们办的高深的刊物,有和没有,几乎一样。办画报的目的,是使人感觉到这是一种快乐,而不是一种工作。我们要增加识字的人对于读物的兴味;我们要使不识字的人,可以从图画里得到相当的知识,同时假使他们是有灵魂的,他们一定还会觉得光看图画不能满足,而开始要认字:这时候画报的功绩是多么伟大!所以我们先要养成一般人对于读书的习惯。

五四新文化运动以来,启蒙始终是现代文化的主潮,但是如何启蒙、启蒙的途径一直处于争论中。文艺大众化在一定程度上说,其实就是一场文化的启蒙运动。邵洵美认为,养成民众的读书习惯是提高国民素质的主要手段,但是这不是一蹴而就的,、为读者提供画报这样的读物,不失为一种有效的途径。从《时代》画报开始,我们可以发现邵洵美的出版活动已经开始发生转型,已经从早期的唯美主义的文学出版,转向民生,走向大众文化的广阔世界。他看到了画报在文化史上的地位,期望能为大众提供可读可看的文化产品。

《万象》是时代图书公司出版的一份纯文艺杂志,起初由张光宇、叶灵凤担任主编,后由项美丽和邵洵美任主编。第1期的"编辑随笔"可以看作是刊物的发刊词,比较明确地表达了办刊的编辑方针:"《万象》的创刊,目的是在以充实的内容、精致的外表,每贡献于进步的读者们的一个水准较高的刊物。因为我感到,在风起云涌的现在杂志界,有许多对于艺术,对于文艺有精审的鉴别力的读者,每感到在此刻所有的画刊以及文艺刊物中，因了各种条件的限制，每不能达到他们所期望的那样一个理想的杂志。《万象》的创刊，便是不惜精力与财力的巨大的消耗，来满足许多进步的读者们的这种要求的企图"（周海波，2018）。这份承载着邵洵美、张光宇们纯文艺的努力的杂志，发表了穆时英、施蛰存、林语堂等多位名家的作品，不断地讨论着文学艺术，展示着文学艺术的美学精神，终究因投入与回报相差悬殊而不得不停刊。

三、《十日谈》与《人言周刊》构建的大众空间

时代图书公司的《时代》画报等出版，体现了邵洵美面向大众化的出版观，但是他认为出版在面向普通读者的同时，还是要对文学艺术、生活情感、时事政治、军事经济等方面发出不一样的声音，寄托自己的文化理想。为免生事端，邵洵美成立了第一出版社，将《十日谈》《人言周刊》等杂志交由第一出版社出版。

邵洵美说《十日谈》"不是几个人的刊物，而是大众的刊物；他不愿以导领自居来改变大众的人生，他但愿大众站在顾问般的地位，以《十日谈》为大众交换及发表各人意见的场所"（周海波，2018），《十日谈》开设有短评、时论、专篇、海外奇谈、国内通讯等栏目，希望"说出一般人所想说而没有说出的话；我们想要对一切所能作积极的讨论"。刊发的文章针对性强、有的放矢。如邵洵美本人以郭明、浩文等笔名发表了《究竟有没有蓝衣党》《文人无行》《请宋部长说真话》，章克标则发表了《骂人风与吐泻》《论公开的秘密》等直抒胸臆的文章，读者读来也感觉酣畅淋漓。但《十日谈》的风格毕竟太像一位横冲直撞的毛头小伙，单纯地发泄愤怒，反而缺少了心平气和的理论探讨。这时，恰好邹韬奋主编的《生活》周刊被查封，邵洵美想为《生活》的读者创办一个刊物，《人言周刊》就此诞生。这也是邵洵美等人办刊的一个进步，从发泄愤怒到理论探讨，做到既能有情绪的出口，又能进行学理上的探讨。《人言周刊》在发刊词中这样写道："大

家总感到现在缺少一种可以阅读的周刊吧,《人言》就是想弥补这个缺陷的。我们有许多话想说,大家一定都有很多话想说,因为这是一个可以令人感慨的时代。我们大家都是人,无疑是要说人说的话,所以周刊定名为'人言'。很明白地说,人言就不是鬼话。……《人言》为社会大众所有,将说社会大众希望说的话,说人人一吐为快的话。"

《人言周刊》开设了短评、专著、社会现象、时人访问记、每周人言、杂著、艺文闲话等栏目,包罗万象,体现了邵洵美希望让读者能在杂志阅读中了解到更多的内容的办刊意图。他本人以郭明、浩文等笔名在刊物上发表了大量的文艺评论、时政评论等文章。如文艺评论《诗坛并不寂寞》《新诗与"肌理"》《诗与诗论》等。《人言周刊》第 1 卷第 12 期开始连载他的《一个人的谈话》,内容包括文学的各个方面,有诗歌、小说、自传、戏剧、文艺批评等。这类谈话类文章是邵洵美的独创,并因此很好地吸引了读者。

第四节 《论语》:幽默半月刊的闲谈古今

《论语》是中国期刊史上的骄傲,是期刊的典范。《论语》半月刊创刊于 1932 年 9 月,林语堂是发起人之一。后因林语堂与徐訏合办《人世间》,邵洵美作为"印刷股东"接过了出版《论语》的接力棒,成为《论语》的实际上的独资人,由时代图书公司负责出版发行,编辑工作则由邵洵美主要负责。《论语》是邵洵美投入最多、出版时间最长、影响最大的刊物,是他的编辑出版事业中值得书写的一页。

一、《论语》幽默的办刊风格

《论语》在创刊的《缘起》中表达了创办杂志的初衷:"论语社同人,鉴于世道日微,人心日危,发了悲天悯人之念,办一刊物,聊抒愚见,以贡献于社会国家。"在《编辑后记》中则解释了"论语"二字的由来："我们同人，时常聚首谈论，论到国家大事，男女私情，又好品论人物，又好评论新著，此'论'字的来源；语，说话的意思，便是指我们的谈天，归入论字的话题以外，我们还有不少的谈话，此'语'字的来源。两字拼凑，成《论语》"（周海波，2018）。

《论语》的创办者林语堂一生大力提倡幽默，是他最先将英文humour音译为幽默的，他把幽默作为《论语》的主要办刊方向。"林语堂编《论语》，大力提倡幽默。起初国人对幽默这个'词'，还不大熟悉，经《论语》连连发表文章，林语堂、邵洵美、李青崖等纷纷对幽默进行解释与讨论，邵洵美搜集这些文章汇编成书。名曰《幽默解》，作为论语丛书出版，于是国人皆知幽默，成为知识分子中流行的口头语"（林达祖，林锡旦，2008）。邵洵美曾在英国留过学，对英国文化有较深的了解，在他身上，既有英国式的幽默，又有中国传统文化中的滑稽，糅合在一起就成了邵洵美式的幽默。邵洵美在《论语》上发表了多篇文章，他（1936）指出："名利场中的写不出幽默文章，迷信宗教的写不出幽默文章，好胜之徒写不出幽默文章，贪财的写不出幽默文章，装雅的写不出幽默文章，多疑的写不出幽默文章。"邵洵美在编辑《论语》的过程中，以刊物的内涵为重，追求一种精神上的幽默，而不是外在的滑稽，追求文化上的幽默，而不仅仅是讽刺。诚如他在与林达祖的信中所言，"《论语》是一本幽默刊物。我国也只有这样一本幽默刊物。编辑《论语》自应彻底明白'什么叫幽默？'"。

二、《论语》的名家名作

在编辑经营《论语》期间，邵洵美将目光投向活跃在文坛的著名作家。《论语》稿源丰富，是因为拥有一支"长期撰稿员"队伍，有章克标、邵洵美、郁达夫、俞平伯、刘半农、赵元任、谢冰莹、老舍等24人。除此之外，还有一些大作家也在《论语》上发表过文章，如沈从文、蔡元培、鲁迅等。

有一批作者为《论语》提供稿源，有邵洵美的时代印刷厂为刊物出版保驾护航，因此《论语》一直做到了按期出版，而且邵洵美组织的全方位、立体的发行网络，能够将出版的刊物及时送到读者手中。

老舍的文风与《论语》的风格很是契合，有一种说法"《论语》就像是专门为老舍办的一样"（周海波，2018），老舍是较早为《论语》写作并且数量较多的作者之一。他非常欣赏《论语》提倡幽默的办刊风格，在刊物创刊一周年的时候，他写了一首五言诗《贺论语周岁》以示祝贺："《论语》已周岁，国犹未全亡，苍天实惠我，放胆做流氓！"他把对国家存亡的忧虑，通过幽默的方式表达出来了。

获得美国哈佛大学哲学硕士学位的全增嘏，是著名的翻译家和西方哲学史专家，他曾经是新月派的成员，这时也成为《论语》的骨干作者，而且还是邵氏名下多家刊物的作者。《论语》创办初期，全增嘏发表了《小顺子，珠儿，玛琍》《废止内战的方法》等文章，同时还翻译国外的文章，如《我的养生术》《关于相对论》等（周海波，2018）。他的文章虽无法和他的著作《西洋哲学小史》相比，但因可读、耐读而成为《论语》的品牌文章。徐訏也是活跃在《论语》的撰稿人。他是作家，宁波慈溪人，对《论语》有独到的评价："我觉得《论语》这个杂志与别种杂志是不同的。它既非学术刊物，又非文艺刊物，也不是时事刊物，然开口微中，常及学术，涉笔见俏，亦带文心，引证觅句，不出时事。有趣而不肉麻，乐而不淫，讽刺而敦厚，笑人亦笑己，凡此种种都是《论语》特色，也成为《论语》空气（徐訏，1947）。"

这些著名的作家与《论语》成为很好的合作共同体，并称其为"自由的园地"。邵洵美和林语堂以开放包容的姿态欢迎不同风格的作家投稿，邵洵美在《论语》第97期的《编辑随笔》中认为，"名作家文章不一定好，好文章不一定出自名家之手，这当然是不会错的"，但他同时指出，"一个名家的成名，绝少是侥幸的——成名的程度当然有高下的分别，这要视读者的趣味而定。他一定有他的成绩。同时名声也不能专靠一篇文章；他继续享受荣誉，是因为他继续的努力。同时名声的维持，和偶然受人赞善也不同，那一定是得力与技巧方面的。……名作家在技巧上既有了成就，此后他的文章的优劣便多半取决于内容了。名作家的坏作品便是一种技巧极完善而内容平淡的文章"。由此可见，他对于名作家和普通作家的作品有比较客观的分析。

三、《群言堂》栏目中的公共领域

《群言堂》栏目以发表读者或作者来信为主，比如读者阅读后的感想，或是表达读者、作者个人意见，是《论语》早期的一个传统栏目，具有非常鲜明的公共空间性质的栏目。1946年12月《论语》复刊后，一开始并没有马上恢复这个栏目，直到第142期，《群言堂》栏目才得以恢复，重新成为让更多的读者和作者发表意见的公共空间。

在《论语》的《群言堂》，邵洵美非常重视"群言"的特征，也就是不发表《论语》的一家之言，而是让读者的意见真正成为读者自己的意见，是读者自己发表言论的"堂"。邵洵美在1947年第143期的"编辑随笔"中这么写道：

我们已经把"群言堂"恢复了。我们不想模仿大家说："这是一片大众的园地"，因为全部《论语》何尝不是"大众的园地"！不过在"群言堂"里，我们可以不拘任何形式，自由自在地表达各人的意见与感想。尤其是当我们忽然有了一个念头，或是见到件事实，要写成篇文章，却嫌材料不够；更也许是恰好没有空闲，可以拿来充分发挥：在这种情形之下，随便提起笔来写封信给"群言堂"，那是再适宜也没有的了。

《论语》提倡幽默、闲适的主要目的，是追求刊物的大众化。邵洵美的文化理想，就是把刊物办成大众发言的场所，成为一个大众论坛，让更多的读者参与进来。他认为，"群言堂"栏目"绝不是专登关于《论语》的意见，一切零星的随感，偶得的警句，甚至片段的故事，简短的新闻，都是极好的材料。诸位可以当它作各自的备忘录，我们可以当它作小型的资料室"。邵洵美还将读者的这种小短信讨论方式，称之为"不见面的座谈会"。由此可见，《群言堂》营造的可以对话的平台，何尝不是邵洵美提倡的"花厅"的纸质版呢。

《群言堂》的读者来信主要涉及三个方面的内容：第一，讨论世界和国家大事，如时事政治和社会万象等；第二，对《论语》发表的文章进行评论，发表阅读感想，或者对《论语》的办刊风格、内容进行评论甚至是批评；第三，对《论语》发表的文章的观点进行商榷，表达不同的意见。有些读者也深受《论语》幽默风格的影响，不乏有浓郁的幽默感的文字。

四、《论语》专号的魅力

出版专号，是《论语》杂志编辑策划成功的一个重要标志。《论语》出版的第一个专号是为萧伯纳而开。萧伯纳是爱尔兰著名作家，1925年"由于他那些充满理想主义及人情味的作品——它们那种激动性讽刺，常涵蕴着一种高度的诗意美"而获得诺贝尔文学奖。胡适认为："自伊卜生（1bsen）以来，欧洲戏剧巨子多重社会剧，又名'问题剧'（Problem Play），以其每剧意在讨论今日社会重要之问题也。业此最著者，在昔有伊卜生（挪威人），今死矣，今日名手在德为赫氏，在英为萧伯纳氏（Bernard Shaw），在法为白里而氏。"1921年，萧伯纳的剧作《华伦夫人的职业》在上海上演，成为中国话剧运动史上的一个重大事件。1933年2月，萧伯纳乘坐英国"皇后号"大船周游世界，17日抵达上海。邵洵美与蔡元培、林语堂、鲁迅、梅兰芳等受邀参加了萧伯纳笔会活动，他还代表国际笔会中国分会赠送萧伯纳两件礼物。1933年3月1日《论语》第12期出版了"萧伯纳游华专号"，发表了镜涵的《萧伯纳过沪谈话记》、蔡元培的《萧伯纳颇有老当益壮的感想》、鲁迅的《谁的矛盾》、邵洵美的《我也总算见过他了》、全增嘏的《关于萧瑟老头子》、林语堂的《水乎水乎洋洋盈耳》等文章，发表前专门请宋庆龄过目并修订；专号还刊发了萧伯纳与蔡元培等人合影的一张照片。"萧伯纳游华专号"的刊发，取得了巨大的成功，就连平日里对《论语》杂志并不欣赏的鲁迅，也对此专号表示了肯定，认为"每月说出两本'幽默'来，倒未免有些'幽默'的气息的《论语》，所办的'萧的专号'是好的"，因为"它发表了别处不肯发表的文章，揭穿了别处故意颠倒的谈话，至今还使名士不平，小官怀恨，连吃饭睡觉的时候都会记得起来。憎恨之久，憎恶者之多，就是效力之大的证据"（鲁迅，1982）。

"萧伯纳游华专号"出版取得的成功，极大地鼓舞了林语堂和邵洵美，由此也启发他们将专号出版作为《论语》的一大特色。1933年9月16日《论语》第25期出版，于是就成了"周年纪念号"，再后来，出版了"阳历新年专号""两周年纪念特大号""西洋幽默专号""中国幽默专号""现代教育专号"，等等。邵洵美接任《论语》主编后，在很短的时间内接连推出了"鬼故事专号""家的专号"等，专号带动了《论语》持续火热的态势。关于专号，邵洵美在第100期"家的专号"中有这样一段文字："我们编专号的确编出兴趣来了：一半因为读者写信要说，我们的专号的确和'卖野人头'的不同；一半又因为作者方面都特别肯合作。编专号的难，是在出题目。题目出好了，作者倒总会寄好文章来。我们至少可以偷几天闲。第二个难，便是选文章了，每篇文章，我们总要反复看几遍；但是最后评定的权威，我们是诚恳地让给读者的。"第100期"家的专号"具有特别的意义，大家谈的都是关于家的事情、家的话题，也就是说将《论语》也看作是自己的家了。

后来，《论语》还出版了"灯的专号""癖好专号""病的专号""睡的专号""逃难专号"等。这些专号题目新奇，又符合读者的阅读审美期待，充分调动了写作者和阅读者的积极性。到抗战胜利后复刊的《论语》，专号的出版数量愈发多了。据林祖达统计，"如果包括'周年纪念号''复刊号'在内，《论语》半月刊先后共计出版过 22 期专号，占全部《论语》177 期的 12% 强"（周海波，2018）在中国现代出版史上，《论语》出版专号之多，应该是无人望其项背的。

第五节 《自由谭》：诗人出版家的文化抗战

1937 年 8 月 13 日八·一三淞沪会战爆发，中国军队英勇抗击日军进攻，经过历时三个月的抵抗，上海失守，租界成为孤岛。上海的出版业在淞沪会战中，蒙受重大损失。"在这种大动荡的情况下，以上海为中心的我国现代出版业，一方面损失惨重，必须收拾残局，另一方面又不得不及时筹措，向后方实行大迁移、大变动"（张定华，1999）。另这个时期的邵洵美，在战争的硝烟中，几易其家，艰难地坚持写作与出版。

一、孤岛时期的文化坚守

抗战时期，邵洵美的状况和其他文化人士相差无几，生活处于极度的紧张与慌乱之中。日军入侵后，上海已经放不下一张平静的书桌了。邵洵美几经搬家，终于在美国情人项美丽的帮助下，搬到了一个回家度假的美国人住宅中，住了半年，最后搬到霞飞路 1802 弄的一幢二层楼的花园小洋房。项美丽居住在霞飞路 1826 弄，就在邵洵美所住楼房的前方不远处。这幢小洋房里，除了邵洵美一家居住，还有他的三妹一家，两家人口多，因此居住环境还是非常拥挤逼仄。好在邵的夫人盛佩玉聪慧能干，把阳台改造成了小书房，让邵洵美能在战争的硝烟中，求得一片宁静，写了几篇评论时事和诗论文章。

在这个时期，邵洵美一家的生活来源除了靠典当首饰旧物，就是邵洵美和项美丽合作写文章，以稿费度日。为了保护当年重金购入的影写版印刷机，邵家人真的是费尽心思，只有保住印刷机，将它搬迁到安全的地方，邵洵美的出版事业才有未来。也是得亏有项美丽的帮助，她的美国人的身份发挥了积极的作用。由巡捕房的洋领头出面，找到了几位俄国机械工人，与印刷厂的工人一起将印刷机拆卸后，搬到了安全的地方。为了和印刷机安置地不至于太远，他们全家不得不再次搬家（盛佩玉，2004）：

> 为了保护印刷机，这时我们也就再一次搬家，搬到了离印刷机最近的淮海中路1754弄17号。全弄堂三十宅房子，唯有这宅空着，像是命里该派就的。我们好比鸟儿一样，临时筑巢在树上。一旦寒风吹、暴雨打，难以安息了，窝就搬来搬去。逃难到苏州河南面，就搬了三次家，从桃源村到麦尼尼路，再到淮海路，洵美说这是一种波浪式的流浪生活。而这次搬到1754弄17号，哪知一住就住了三十年！就在这宅旧而小的房子里，我尝到了甜、酸、苦、辣，领略了盛、败、兴、衰，一言难尽的悲惨情景。

邵洵美是个不折不扣的读书人，读书是读书人的本性，也是读书人的逃避。在这个兵荒马乱的时代，他无事可做，以书消遣，但是他也不得不面对一家老小的生计问题。这个时期，他给很多家报刊写文章，有《天下》《永安月刊》《中美日报》《大英夜报》《纯文艺》《南风》《宇宙风》等。他的文章的内容大多聚焦在宣传抗战、报道抗战进展方面，同时向读者介绍国外反法西斯战争的情况，以及国外文艺界的动态等。邵洵美在《中美日报》的《集纳》栏目上发表了近50篇文章，如《新诗与旧诗》《诗与散文》《新诗历程》《孔子论诗》等，这些文章主要描述国外文艺界友人在华情况，着重讨论以诗歌理论为主的文艺理论问题，让海内外读者在了解国外文艺界友人在中国状况的同时，也了解到中国的文艺界现状。

二、《自由谭》的文化抗战

《自由谭》是邵洵美在抗战时期创办的最重要的刊物，创办于 1938 年 9 月 1 日，这本杂志在当时颇有影响力。《自由谭》的名义上的主编兼发行人是项美丽，而事实上邵洵美才是真正的操办人。对此，邵洵美的女儿邵绡红（2015）有以下叙述：

《大英夜报》不可能留给他足够的篇幅，他要自己来办刊物。他说服项美丽与他合作。资金不足则寻求外援，他要同时办中文英文两本。他计划很大，信心很足。项美丽找到好友——大美晚报的老板 Starr（史带）出资，保险公司董事长石永华也付款。1938 年 9 月 1 日中文版《自由谭》月刊和其姊妹版，英文的 Candid Comment（《直言评论》）同时问世。两本一样大小（十开本），都是由位于爱多亚路 21 号（现延安东路）的 Post Mercury 总经销。

……

战前邵洵美出版的杂志中《十日谈》《人言》都是争取言论自由的，现在他出版《自由谭》和《直言评论》，更加明确地指出"追求自由"。《自由谭》注明为 Candid Comment China Edition（"直言评论"的中文版），封底"编辑人""发行人"印的都是项美丽的名字，实际上，具体工作全由邵洵美担当，项美丽只是起掩饰作用。这本刊物的编辑就洵美一人，文章的一半是他自己写的，连文章的头花也大多出自他的手笔，有几次他还叫小美帮忙描画。其中"编辑谈话"和每期有一至数页的《自由谭》和"谭助"专栏里的文章自然是洵美写的。

从这些叙述中我们可以判断,《自由谭》并不是简单地模仿《申报·自由谈》,而是在形式和内容上超越"自由谈",不仅仅只是追求言论自由,而是直抒胸臆表达追求人身和人格自由的格局,这是邵洵美在日本侵略者统治下的上海,通过杂志发出的呐喊。

《自由谭》集文字与画报于一体的月刊,相当于《时代》画报和《人言周刊》的合体。刊物以版画、漫画、摄影作品为主,美术作品则由张乐平、叶浅予等著名画家负责,绘画实力强大;刊物又和《人言周刊》有相似之处,敢于说话,敢于说真话,能说别人不敢说的话,说自己想说的话。在抗日战争这样特殊的时代你下,一些作家居无定所,在流浪和逃难中生活,所以《自由谭》主要靠林祖达、徐訏、章克标、张若谷、曾迭等老朋友支持,这也就有了"文章的一半是他自己写的"说法。对于时政评论文章,邵洵美(1938)提出:"《自由谭》什么文章都要,只要是真实的文章!我们不喜欢调弄笔头,不喜欢玩耍八股,不喜欢泼妇骂街,不喜欢无病呻吟。"

邵洵美在《自由谭》中写得最多的文章,还是有关文学艺术方面的内容,这是他作为诗人出版家的本质属性使然。如《自由谭》第1期发表了邵洵美的《留守在上海的文人消息》《游击歌》等,尤其是《留守在上海的文人消息》,向外界传递了留守孤岛的文人们的消息,让更多的人了解到这些文人在孤岛时期的文化坚守。"除了一般原先在上海出版的刊物在那里重生外,还有许多新生的杂志。这些刊物每一个都有新的气象:他们的编辑者虽各有主张,但是他们却有一个一致的论调——那便是抗战救国""他们的生计当然会发生问题""中国向来的习惯,文章的报酬极难维持一个作家的生计;假使他已有了家庭儿女,那么,心血换来的几块钱简直不能使全家人吃得饱穿得暖。解决这一个困难,于是每个作家都变成编辑,每个编辑都变成出版家。结果则每本杂志都会闹稿荒,每本杂志都载满了充塞篇幅的东西。同时每本杂志便也全靠了编辑者个人的名声而存在"。坚守与困境,是孤岛时期上海文人每天面对的问题,也是孤岛之外的人们所关心的,所以《自由谭》第1期甫一出版,就卖完了,到处看到有人在看《自由谭》、有人在谈《自由谭》。

《游击歌》是邵洵美发表在《自由谭》的一首诗。这首诗与他的一贯的唯美风格截然不同,用的是民间口语,甚至带有顺口溜的特征。从艺术角度看,这首诗无疑是一般的,无法和邵洵美之前的诗作相提并论,但在抗日战争时期,这首诗强烈的宣传鼓动色彩,无疑是吸引读者的。香港《大公报》称赞这首诗语言朴素、感情真挚,在肯定《自由谭》"这是一篇见地极透彻的作品"的同时,认为"最满意的是《游击歌》",因为这"是一首出色的'民歌',它是新诗,可是那种运用民歌手法的娴熟,不是许多学文学大众化的人们所能及的。我们希望有人能把它谱出来,结果一定不会坏"。邵洵美对这首作品也非常满意,他(1938)觉得"这首歌是一个'纯粹的心境',绝对没有一句'调文弄墨'。我们新近发表的抗战诗歌,几乎每一首都多少要提起那些'风花雪月',好像没有这一类字眼,便不成诗的样子;所以我们便作这一个尝试,幸喜结果很满意"。

《游击歌》的创作,不仅仅是邵洵美根据抗战的宣传需要出发的,也是他一贯倡导的文艺大众化的在新诗写作上的一次实践。他认为"文学与社会应当发生密切的关系",战争时期尤其如此,他指出"在中国文艺工作者一致动员为祖国的生存而奋斗之后,在理论上大家都赞同":战时的一切艺术必须是宣传的,在实际上一切的艺术作品或表现也必然是通俗的。

三、出版《论持久战》英文版

出版毛泽东英文版《论持久战》,是邵洵美出版事业中最具有传奇色彩的一幕,也是他思想进步的具体体现。

出身显赫的邵洵美,原本是可以做官的,也曾经有过短期的仕途生活。但他自认为不是这块料,多年后他在创办的《论语》杂志上发表过一篇题为《做官材》的文章,借用毛姆自传中的一段话:"做官的确不是靠什么学问与才能，做官的确需要某种特质。"并由此作出进一步阐发，"文学家不是官材。文学家有的情感太丰富，有的理智太清楚，做官便不适宜，但是他们所描写的是他们理想中的现实。既然不是真正的现实，便无异于逃避现实。而做官却要绝对接受现实，再在现实中去表现理想"。作为诗人、出版家等众多角色集于一身的邵洵美而言，他自认为"我是一个差不多终身从事出版事业的书傻子"。他期望有更多的人关注文化、关注出版，期望有更多的出版商从促进民族文化发展的视角投入出版，为中国的文学艺术做贡献。正因如此，他既重视成名成家的作者，又常常对那些没有名气的作家和译者提供平台，助力他们的成长发展，而且其中的大多数，都成为新文学的著名作家和翻译家。出版理念深刻地影响着出版活动，邵洵美的出版实践便是如此。他早期的文学出版活动，主要是为了实现其唯美主义的文学理想，后期的文化出版事业，则是通过出版文化期刊，提高大众的文化修养，并在此基础上促进现代文艺事业的发展。

第四章

楼适夷：革命文艺的拓荒者

第一节　首个编辑阵地：主编《上海通信图书馆月报》

第二节　流亡日本：推介普罗文艺运动

第三节　革命文艺走向成熟：主笔《文艺新闻》

第四节　坚守"孤岛"：《文艺阵地》的抗战文艺

第五节　国际文艺的译介者：从《在人间》到《艺术论》

楼适夷（1905—2001），原名楼锡春，余姚人，著名编辑家、作家、翻译家。早年参加太阳社，曾留学日本。1926年加入中国共产党，是中共余姚支部第一任书记。在其70多年的革命文艺生涯中，他亲历并参与了五四运动、左联、抗日战争、解放战争等各个时期的重大文艺实践，中华人民共和国成立后他曾担任人民文学出版社副社长兼副总编辑、国家出版委员会委员等。他编辑出版了《文艺新闻》《文艺阵地》等有影响的早期革命文艺刊物，创作过大量的小说、诗歌、散文和戏剧，翻译出版了《在人间》《蟹工船》等数十部苏俄、日本等国的中长篇小说和戏剧作品，翻译了高尔基的大量文艺书简，译介了百余篇外国文艺理论文章、短篇小说和诗歌。此外，他还写有不少文艺评论。楼适夷作为风起云涌的变革时代的现代文学史亲历者和见证人，与鲁迅、茅盾等文学大家都有过亲密交往。在群星璀璨的现代文学星空中，楼适夷并不耀眼，但作为现代革命文艺的拓荒者，他在出版、文学、翻译等领域开拓性建树，值得后辈学习、敬仰。

第一节　首个编辑阵地：
主编《上海通信图书馆月报》

　　1905年1月，楼适夷出生在余姚县城，取名为锡春。他的父亲常年在上海经商，楼适夷随母亲住在余姚。1918年，13岁的楼适夷到了上海，在其父做经理的征祥钱庄当了一名学徒。20世纪20年代，青年诗人、钱庄店员应修人在收藏进步书刊的基础上，建立了"修人书箱"，供同仁借阅。后来，应修人发起了由上海签注钱庄业、银行业青年职工组成的互助性读书团体，还由此成立了上海通信图书馆。五卅运动后，应修人等骨干加入了中国共产党，上海通信图书馆便成为党的重要活动场所。1924年春，楼适夷加入上海通信图书馆，第二年，他成为图书馆机关刊物《上海通信图书馆月报》（以下简称《月报》）的"编辑员"，从此踏入编辑出版领域，并且展现了突出的编辑天赋与才干。

一、改版《月报》注入编辑思想

　　从第2期开始，楼适夷对《月报》的编辑出版进行了许多新的探索与尝试，以培养读者良好的阅读习惯，提升读者的阅读品位，更好地接受先进文化的熏陶。《月报》第6期，楼适夷对此作了重大的改版，一改前面5期"把我们的一切内容公开出来，供给大家的考察"而导致内容"充满呆板的数字，不但读者看了讨厌，连编者也觉得无味起来了"的现状，将《月报》从原本仅仅局限于报告馆务的事务性简报的功能中解放出来，增加赋予编辑思想的"一月来的出版界""批评与介绍""借书者的意见"等内容。《月报》从此插上了媒介的翅膀，成为宣传新思想、新文化、新知识的载体，承担起社会批评的责任。《月报》第 6 期率先推出了新栏目"借书者的意见",刊登读者的意见并提出解决办法,体现了办刊者听取读者意见的极大的诚意,大家畅所欲言,平等交流。他意识到《月报》还应该具有更多、更重要的媒介功能,成为宣传新思想、新文化、新知识的载体,承担起社会批评的责任(李秀卿,2012a)。

二、创立《月报》读者"交谊会"

《月报》推出的第二大举措是创立读者"交谊会"。楼适夷等深知他们十几个年轻人经营的通信图书馆,之所以能延续四年之久,主要得益于他们与读者之间结成的"纯洁的友情"。这是图书馆创办的基石,更是维持、推动图书馆发展的巨大动力。这个建立在狂热的求知欲基础上的社会小团体,"以纯洁的友谊相结合",深切地感受到"在现社会中纯洁的友情是很可宝贵的",所以"常常设法使这个友情能够渐渐地发展起来"(楼适夷,2003)。《月报》部分地承担了这个任务,开辟"通信者"栏,直接充当连接编者与读者、读者与读者间桥梁和纽带的作用。图书馆共进会的执行委员们自己带头,在上面登出了交友广告,写明自己感兴趣的话题或学科领域,欢迎志同道合者书信联络,共同探讨。楼适夷曾征求过"学术思想、各地恋爱的歌谣及风俗"方面的读者,并承诺以美术画片作酬谢。这个举动很好地推动年轻人的相互认识、培养他们研究兴趣的一种可贵尝试。但是,《月报》也好,书信也罢,毕竟受到很大的局限。于是"交谊会"应运而生,对在上海可以直接上门阅读的读者,可以增加他们在阅读中增加相互认识、互相交谈的机会。《月报》与读者沟通和联系的功能得到进一步的加强和延伸。后来,借助这个组织,《月报》邀请了赵世炎、恽代英、杨贤江、沈雁冰、胡愈之等人和青年运动指导者来举办讲座,产生了良好的社会效益(楼适夷,1994)。

三、传播国外新文化、新思想

有学者对《月报》第 1 期至第 11 期的"新书报告"内容作了初步统计，发现从 1925 年 3 月到 1929 年 5 月，通信图书馆共购进新书 642 册，平均每月 46 册。其中介绍外国自然和社会科学的图书有 136 册，占 21.2%（李秀卿，2012a）。可见，介绍国外新思想、新文化以及新科技的著作占了很大的比例，而翻译的外国文学作品则更多，比如有：沈雁冰、张闻天翻译的《倍那文德戏曲集》，郑振铎编译的《德邦莱森寓言》，契诃夫著、曹靖华译的《三姊妹》，高尔斯华绥著、顾德隆译的《相鼠有皮》，周作人编译的《陀螺》，等等。这就是他"敢郑重地把这贫乏的中国出版界所仅有的书，介绍给有志的青年"的初衷。对屠格涅夫的作品，楼适夷（2003a）作了如下评介：

这是一本描写俄罗斯农奴时代一般社会革命者的很好的小说。译者郭君说："我们只要把雪茄换了鸦片，扑克换了麻雀，便觉得这是一本描写中国的小说。"介绍者曾把它细细地读了两篇，觉得其中的人物历历如在目前。尽有许多世界的名著，移植到中国来，便都不成东西了。对于不能有读原著机会的人们，这是很可痛心的。我敢说这本书的译者，并没有对著者与读者，造成这样痛心的罪恶。

楼适夷对屠格涅夫作品的主题及艺术技巧赞不绝口，同时也对译者也是称赞有加，这也反映了他对国外优秀作品推介的严谨与负责，以及鲜明的图书选择立场和评介标准。

《月报》"五周年特号"是第 10 期和第 11 期的合刊，内容非常充实，遗憾的是它成为该报的终刊号。楼适夷（2003b）在"五周年特号"上表达了向法国伟大的文学家、思想家罗曼·罗兰致敬："我想我们总不该忘记现代唯一健在的自由思想的老翁,他真是一个真理的产物,他是被压迫者的救星。"

楼适夷在通信图书馆的这一段时光,既是他寻找人生道路和革命理想的关键时期,又是他的编辑生涯的第一步。在负责编辑《月报》的程中,他开始接触刊物编辑业务,初步了解和体验了编辑这个职业的甘苦。更重要的是,通过编辑实践,他初步认识到以编辑出版报纸杂志为武器宣传新思想、新文化,唤醒民众和旧世界、旧观念进行斗争的重要意义,认识到编辑出版与自己的理想信仰之间的密切联系,从此踏上了以编辑进步报刊为己任,用文字做投枪匕首和敌人战斗的革命文艺道路(李秀卿,2012a)。

第二节　流亡日本:推介普罗文艺运动

1926 年楼适夷在通信图书馆加入中国共产党,应修人南下广州进入黄埔军校后,通信图书馆的党支部书记由楼适夷担任。北伐军进入浙江后,受党组织派遣,楼适夷回家乡余姚组织领导工农运动。他的公开身份是国民党余姚县党部组织部部长,实际担任中共余姚第一支部书记。在他和陈云等人的共同领导下,余姚发起了声势浩大的职工店员大罢工,工农运动得以如火如荼地开展。"四·一二"反革命政变后,楼适夷的身份暴露,成为危险的"红色"人物,遭到国民党当局通缉。在地下党帮助下,他潜回上海,从此不能公开活动,处于失业状态,靠创作和翻译为生。返回上海后,也是过着东躲西藏、居无定所的生活。楼适夷的弟弟妹妹们都死于猩红热,母亲最怕他也出事。1929 年,母亲从可怜的存款中拿出钱,让他自费留学日本。当然,他远走日本倒也不是纯粹的个人行为,是经过太阳社支部讨论通过的,一定程度上说是一种组织行为,肩负着为国内文艺界了解日本普罗文艺运动发展状况的使命。

1930年3月中国左翼作家联盟在上海成立。"左联"与创造社、太阳社之间的关系千丝万缕，楼适夷等人成为当然盟员。在中国留日学生运动因"东京特支"事件（1929年10月3日发生在东京的日本当局大规模逮捕中国留学生的事件，亦称"东京特支事件"）濒临停顿的紧急关头，楼适夷、谢冰莹和胡风等人自动组织起来，担起来了筹建"左联"东京分会的重任。

一、深刻报道日本普罗文艺运动

楼适夷到日本后，撰写了第一篇海外通讯《日本第二次普罗列塔利亚美术展览会》，向国内读者报告了日本普罗文艺运动中美术创作方面的实绩。他亲临会场作了认真观赏，从题材、主题、艺术技巧等方面详细介绍了这些"普罗"绘画作品的特点以及画展给予他的强烈震撼。艺术作品可以而且应该面向普通劳动者，就是这场美术展览会带给中国的最大启示。楼适夷认为，这很值得中国一些主张普通作品专写给大学生看的作家注意；他认为普通劳动者也懂艺术，也能够进行艺术欣赏。这篇报道写于1929年底，领导中国左翼文艺运动的"左联"当时尚未成立，国内进步的文艺家们对于如何开展无产阶级文艺运动还缺乏经验，尚处于探索之中。恰好日本的普罗文艺运动正开展得轰轰烈烈，把这些实践经验及时地推介到国内，对拉开帷幕的左翼文艺运动具有非常直接的借鉴和参考意义。因此，楼适夷的这篇报道犹如一场及时雨，滋润了国内的文艺运动的土壤。

《激流怒涛中的最近日本普罗艺运》则是楼适夷全面报道日本普罗文艺运动最新进展的长篇通讯，发表在《拓荒者》第4期和第5期合刊上。这篇通讯中"向尖端的锐进""暴压的迫袭""艺术派的骷髅舞""最后的胜利——夺取呀！"等四个标题非常引人注目，详细地介绍了普罗文艺运动的最新进展，以及在当局镇压、内部分裂等严峻形势下日共的应对措施等情况，最后总结到中国如何从中受到启迪和教益（李秀卿，

2012a）。

二、创作普罗小说《盐场》

　　楼适夷的小说创作生涯始于1921年，最初的写作是稚嫩的，基本上是模仿"鸳鸯蝴蝶派"的创作手法。直到1926年7月，小说《爱兰》的发表。《爱兰》最初发表在《洪水》第21期，后选入赵家璧主编的《中国新文学大系（1917—1927）第5卷》，即郑伯奇编选的《小说三集》。编选者在"导言"中特别称赞："作者的才笔在这里已经显露了锋芒"（郑伯奇，1935）。虽然只有简单的一句评语，但准确地点出了楼适夷这位年轻的新锐作家所表现出来的才气和发展潜力。有学者指出，这部小说"强调了劳动妇女对婚恋自由和人格自主的追求"（刘勇，邹红，2006）。无疑，这也是楼适夷的"普罗意识"的初醒。

　　《盐场》则是楼适夷早期小说创作中最具有代表性的作品。《拓荒者》主编蒋光慈（1930）在该期 "关于编辑室"中写道："关于本期的创作，值得我们特别推荐的，是建南（楼适夷字）的《盐场》，他在这一篇里，开始了新的技术的尝试。我们认为不满的，是在结束的地方，保留着很浓重的伤感气氛。"可见对这部小说的重视和欣赏。蒋光慈提到的"新的技术的尝试"也表明这个作品在同期革命文学创作中所取得的新突破。学者刘为民对《盐场》的主题及艺术得失进行了评论，指出与蒋光慈的《短裤党》和龚冰庐的《炭矿夫》强调描写群体力量、忽视塑造典型个体相对，楼适夷的《盐场》"比较成功地塑造了老定、成和、陆士尧等几个主要人物形象，并依照这些人物性格的必然发展来描写，揭示了历史和社会的深远意蕴"。只有"作者的生活基础比较扎实，才能够以生动人物形象、完整的故事情节和比较严密的结构，把机会主义写进普罗文学，这是《盐场》在新文学史上前无成例的独到之处"。

　　《盐场》一直以来得到文学界有关学者的肯定，并在中国现代文学史上占有一席之地。唐弢（1979）在其主编的《中国现代文学史》（二）中认为《盐场》"内容扎实，颇有生活气息"；刘勇、邹红（2006）主编的《中国现代文学史》指出，此作题材新颖，艺术表现细腻；王嘉良（2009）在《辉煌"浙军"的历史聚合：浙江新文学作家群整体透视》一书中给予这个作品很高的评价，称它是早期普罗文学中的"上乘之作"，并称其"取材视角独特，艺术表现较为成熟"。由此可见，将《盐场》看作是早期左翼文学的佼佼者，是恰如其分的。

鲁迅和茅盾也非常认可楼适夷，认为他是一位有才华的青年作家。在美国人伊罗生（Harold R. Lsaacs）编选现代小说集《草鞋脚》（Straw Sandals）时，他们推荐了《盐场》，在致伊罗生的信中直截了当地说："龚冰庐的《碳矿夫》，我们也觉得不好；倒是适夷的《盐场》好。这一篇，我们已经介绍给您"（蔡清富，1982）。加上之前他们推荐了楼适夷的《死》，这样他共有2篇小说入选《草鞋脚》，作品数量仅次于鲁迅、茅盾，与丁玲、叶绍钧持平。足见两位文学前辈对这位青年作家的厚爱。鲁迅为伊罗生提供的作者小传中，有这样一句话："经过拷问，不屈，已判定无期徒刑"（蔡清富，1982）。其时，楼适夷因参与"远东反战大会"而身陷囹圄，遭受数年的牢狱之灾。这句话表达了鲁迅对楼适夷在狱中坚贞不屈的表现的赞赏和钦佩。后来鲁迅也是想方设法营救楼适夷，虽然都没有成功，但足见其对这位忘年交的爱护。

《盐场》不仅通过刊物得到传播，三年后还被改编成电影公映。1933年，已经进入电影界的阿英找到他，要他把这个作品改编成电影脚本。楼适夷答应并写出了剧本，然后由郑伯奇分了镜头交明星公司拍摄。明星公司组成以徐欣夫为导演、"电影皇后"胡蝶领衔的强大阵容进行拍摄，并很快完成。这就是中国进步电影中较早反映穷苦盐民反压迫求生存斗争的左翼电影《盐潮》。1933年是"左联"成立以后以夏衍、钱杏邨、郑伯奇等为代表的左翼文化力量打进上海电影界开展"新兴电影运动"的开始之年，也是党领导进步电影事业的开始之年。从文学作品到电影艺术，扩大了《盐场》的影响力，同时楼适夷也为左翼电影事业的起步作出了贡献（李秀卿，2012a）。

第三节　革命文艺走向成熟：主笔《文艺新闻》

1931 年初，由于国民党的"文化围剿"和自身的"左"倾错误的影响，左联的工作受到严重的影响，"所以在一九三一年春，左联的阵容已经非常零落。人数从九十多降到十二。公开的刊物完全没有了"（茅盾，1982）。这时，党中央开始调整路线，左联的政治工作也有松动，经过一年时间的努力，左联进入成熟期。左联盟员首次超过最初的 90 人，发展到约 400 人。除上海外，北京、天津及日本东京等地也先后建立了左联组织，"左联"报刊多达 50 种以上（何霞，周小兰，2017）。左联又恢复了生机。这中间，有楼适夷的牺牲与付出，同时他的革命文艺实践也在这个过程中逐渐走向成熟。

一、秘密印制"左联"刊物《前哨》

1931 年 2 月 7 日午夜，国民党反动派在上海龙华警备司令部秘密杀害了 24 位革命同志，其中有参加左联的李求实、胡也频、冯铿、柔石、殷夫等 5 位青年同志，史称"左联五烈士"。为揭露国民党反动派的法西斯暴行，冯雪峰等积极策划专刊，以纪念死难的烈士。1931 年 4 月下旬，楼适夷从日本回国。一到上海，马上被冯雪峰拉进《前哨》"纪念战死者专号"编辑工作中。楼适夷住的公益坊十六号原水沫书店楼上成为《前哨》的发行地。他的任务是和江丰把鲁迅、冯雪峰编好的稿件送到印刷厂，然后校对，督促工人排版印刷，再送到中州路口公道书店二楼亭子间，和孟通如等人一起粘贴烈士遗像、敲印鲁迅手书的木刻刊头，最后分发出去（李秀卿，2012b）。

第一期《前哨》虽是秘密发行，"但因为它揭露和控诉了轰动世界的蒋介石大批屠杀青年作家的罪行，刊物又经史沫特莱传到了国外，引起了国际进步舆论的抗议，因此收到了很大的宣传效果。不过《前哨》印二三千份，分数处出售，国民党查禁时，已经销完了"（茅盾，1981）。《前哨》从第二期开始改名为《文学导报》，"因为在印刷所老板看来，这个名字就没有《前哨》那么可怕了"（楼适夷，1982）。第二期《文学导报》不仅刊发这一时期关于文学论争的文章，还刊登了《中国无产阶级革命文学的新任务》等政策决议，具有重要的史料价值。

二、主编《文艺新闻》发出的左翼声音

1931年初，留学日本主攻新闻学的袁殊返回上海，参加了一些剧社的演出，左倾思想比较明显，但他当时还不是一名中共党员。3月，袁殊创办了一份新闻周报《文艺新闻》，在《文艺新闻》的"发刊辞"中开宗明义，标榜自己"以绝对的新闻的立场"服役于文艺界、学术界、出版界，是"属于大众的"。"绝对的新闻的立场"即所谓"集纳主义"（Journalism，指一切有时间性的人类生活之动态的文字、图画、照相等，使之经过印刷复制的过程，再广泛地传播给大众，使大众在生活的行为上受到活的教养，而反映于其生存的进取与努力）（啸一，1932）；强调"有文艺的新闻价值的一切"，均为新闻之内容，这也是袁殊办报的基本指导思想。发刊词内容如下：

《文艺新闻》，是要在文化的进程中，服役于文艺界、学术界、出版界，如一般的新闻纸之社会的存在一样，成为专门于文化的有时效之新闻纸。以绝对的新闻的立场，与新闻之本身的公用，致力于文化之报告与批判。《文艺新闻》发刊的目的是为此，主要的任务亦如是。以中国文化的现状来看，也是有着这种客观的需要的。新闻是为大众，属于大众的。《文艺新闻》

即本着这个主旨，而为工作的态度：不拘守于某一种的主义；不依附于某一种的集团；不专为任何的个人或流派；不专为有特定作用的任何事象；凡是属于大众的，为大众所需要的，——有文艺的新闻价值的一切，皆为《文艺新闻》工作的对象。文化的主人是大众，《文艺新闻》的主人亦是大众。在中国，这种新闻事业是最初的开创，我们认明了这种工作的意义，怀抱着投身于新闻的志愿，具着刻苦劳动的决心，依于自己的力量作这种新闻活动。力才有限，自然是无待说的真实；所以，仅先公告出最初的动机，以待于著作家、出版界、文化团体等各方面的合力相助。

文艺新闻社
代表人袁殊　一九三一，二

可见，《文艺新闻》一开始是以报道文艺出版消息为己任的，它的读者群，也就定位于有限的读书界。这种定位，导致大量"感冒、结婚、生子"之类的花边新闻出现，对此鲁迅有过中肯的批评。面向大众，这是后期才有的事（李秀卿，2012a）。

但袁殊毕竟是同情左翼的，在柔石等烈士被害之后，《文艺新闻》最先披露了冯雪峰的化名文章，引发了进步文艺界乃至国际左翼力量对国民党当局的愤怒声讨，也使《文艺新闻》声名大振。当时，"左联"正经受着国民党当局的"文化围剿"，左翼刊物几乎处于停刊状态，冯雪峰有意让《文艺新闻》成为"左联"的外围报刊，为"左联"服务。于是，他派楼适夷到《文艺新闻》的编辑部工作，实际上也是想通过楼适夷对报纸进行指导和把关。楼适夷的加入，不仅充实了《文艺新闻》的编辑队伍，而且在舆论导向方面有了明显的变化。对于楼适夷个人而言，《文艺新闻》翻开了他编辑生涯和左翼文艺运动崭新的一页。"九一八"事变爆发后，为揭露日本帝国主义的暴行，发动民众参与抗日活动，成为这一时期《文

艺新闻》中心工作。《文艺新闻》连续三期刊登通栏大标题"日本占领东三省屠杀中国民众！！！"给人以振聋发聩之感。第 29 号周报以"文化界的观察与意见"为题，刊出了该报对周予同、陈望道、郑伯奇、鲁迅、夏丏尊、郁达夫、叶绍钧等文化名流的采访，披露文化界著名人士对这一事件的认识，表达中国知识分子反抗日本侵略的心声。其后，对国内民众的反日斗争和对日本、苏联左翼文艺的报道迅速上升为《文艺新闻》的三大内容，对美英法德的关注退居次要（李秀卿，2012a）。周报发行至 47 期，"一二八"淞沪抗战爆发，于是《文艺新闻》从 1932 年 2 月 3 日开始，按日发行战时特刊，共刊出了 13 期，到 3 月 28 日才恢复出版正常的第 48 号周报，坚持到 6 月 20 日出至 60 期后被迫停刊。

楼适夷加入《文艺新闻》编辑工作后，《文艺新闻》的"政治色彩"明显起来了，特别是袁殊进入潘汉年组织的隐蔽战线从事情报工作后，楼适夷实际担起了报纸主编的重任。以楼适夷为首的左翼知识分子的介入，把《文艺新闻》引向为左翼文艺运动服务的正确轨道上，使之在民众中产生了广泛的影响。"刊物在很短的时间内发行到国内许多大中城市、边远地区，一直传播到国外"，并"出现了以刊物读者为中心的群众性文学组织、工农通讯员运动、群众创作活动等"（楼适夷，1994）。所以，通过《文艺新闻》为载体向国内外传播的外国文艺报道所产生的实际影响，是非常广泛的。

当然，楼适夷主导下的《文艺新闻》也存在一些不足之处。尤其是一开始推崇的"集纳主义"思想，以及内容编排上的混乱与芜杂。对此，鲁迅（1932）发表过批评意见，他在《我对于〈文新〉的意见》中指出："过去的五十期中，有时也似乎过于杂乱。例如说柏拉图的'共和国'，泰纳的'艺术哲学'，都不是'文艺论'之类，实在奇特得了不得，阿二阿三不是阿四，说这样的话干什么呢？"他又指出："'每日笔记'里，没有影响的话也太多，例如，谁在吟长诗，谁在写杰作之类，至今大抵没有后文。我以为此后要有事实出现之后,才登为是。至于谁在避暑,谁在出汗之类,是简直可以不登的。"他还特别提到关于外国文艺的报道:"要多,但要写得简括。例如,《苏联文艺通信》那样的东西,我以为是很好的。但刘易士被打了一个嘴巴那些,却没有也可以。"

楼适夷和编辑同人们也进行了总结和反思。楼适夷认为:"过去的《文新》是犯着许多错误的,这错误中最大的一个,便是直到现在为止,《文新》还停留在知识分子学生群众之中,没有深入到大众中去,无论是形式上,内容上,今后一定要有一个坚决的转变。"这当然有呼应"文艺大众化"运动的意图,也可见楼适夷率直的个性。这段话也证实了前文所说的发刊辞中"群众"一词指的并非大众。和楼适夷一起派往《文艺新闻》从事编辑工作的夏衍,在这个问题的总结反思上,则显得更为客观和理性,他指出:"过去一年间,《文新》的努力,是值得我们尊敬和感谢的,虽则部分的也曾有过错误,但它走的路,无疑是很正确的,第二年,我希望(一)《文新》能够担负起文化上的反帝的任务;(二)对一切服务于支配阶级的文艺,作无情的斗争;(三)鼓励广泛的青年作家来参加文艺大众化,这一工作。"《文艺新闻》面向工农大众、开展"文艺大众化"运动的办刊目标已经锚定,可惜的是,后来楼适夷因为接受了其他任务,加上袁殊又加入了中央特科的工作,《文艺新闻》不久停刊了。《文艺新闻》在存续的一年多时间里,产生了广泛影响,甚至形成了组织群众文学活动和政治斗争的"群众核心"。其间"因为是左联代表,可以起作用"(李秀卿,2012a)。因为有了楼适夷等"左联"成员在出版宗旨和出版方向上的把关,《文艺新闻》在介绍国际进步文艺消息、推动国内左翼文艺运动与国际互动呼应方面重要作用。

三、从误解到精神导师：与鲁迅的双向奔赴

当创造社和太阳社开始攻击鲁迅后，作为创造社一员的楼适夷也曾对鲁迅表示过不满。楼适夷(1930)在从东京写给蒋光慈的信中这样写道："看见第三期的《萌芽》，鲁迅虽已隐约表示了唯物史观的立场，但态度还是老样子，这种态度，也不能不给以相当的纠正。"1931年4月楼适夷从日本回到上海，被冯雪峰拉进编辑《前哨》"纪念战死者专号"编辑工作。《前哨》的木刻刊头由鲁迅手书，部分稿件也由鲁迅编辑，其间，楼适夷与鲁迅有了接触。从第二期开始，《前哨》改为《文学导报》，萧三刊登在《文学导报》第三期上《出席哈尔科夫世界革命文学大会中国代表的报告》一文就是由鲁迅亲手交给楼适夷的。加上这中间有冯雪峰的引导和帮助，楼适夷逐渐接近了鲁迅，也对鲁迅有了全新的认识。同样，鲁迅对踏实、淳朴、勤恳、上进的青年楼适夷也是有好感的。

1933年，楼适夷和鲁迅的交往更加密切。鲁迅(1976)在日记中频繁地提到这位青年的名字：1月14日载：……适夷来，并见赠《苏联童话集》一本。23日载：……得适夷信并儿童书局赠海婴之书二十五本。24日载：……以《竖琴》一本赠适夷。3月3日载：……得适夷信。7日载：……得适夷信并所赠《二十世纪的欧洲文学》一本。4月13日载：午后得姚克信。得适夷信，即复。6月11日载：……得适夷信。12日载：……复适夷信。

1933年2月楼适夷翻译的《二十世纪的欧洲文学》一书正式出版，引发了一场关于译文的准确性及翻译目的论争。1933年7月《申报·自由谈》栏目刊登了赵景深对《二十世纪的欧洲文学》一书的评论，这个评论相对比较平和客观，指出译文正误及优劣高下，言辞温和。后来穆木天也写了一篇评论，约有1000字，题目是《从〈为翻译辩护〉谈到楼译〈二十世纪之欧洲文学〉》。这篇文章开篇就引用了鲁迅(1933)在《为翻译辩护》中的一段话："翻译得不行，大半的责任固然该在翻译家，但读书界和出版界，

尤其是批评家，也应该分负若干的责任。要救治这颓运，必须有正确的批评，指出坏的，奖励好的……"然后他在文章中接着写道，"因为翻译的关系，偶然把楼建南先生译的《二十世纪的欧洲文学》（新生命出版）同日译本对了一番。误译之处，自然很多。因为偶尔一翻，即马上发现了如下几个珍奇的现象。"言辞中充满了嘲讽的意味。穆木天在第二篇评论中还写道："实在，楼先生的错误是多得很呢。有暇，能作文批评时，当把日文假名改成罗马字，拉丁化一下，那就可排印给大家看啦。"那种恃才自傲、自鸣得意的神气劲儿又暴露无遗。

鲁迅先生注意到这场发生在左翼文艺内部的争论，并及时参与进来，进行了正确的帮助和引导。鲁迅对争论双方都有批评，但总的来说，是站在维护进步文学的高度，支持了楼适夷，对穆木天"专揭烂疤"的态度作了中肯的批评（李秀卿，2012a）。鲁迅以"租界住宅区临近马路三间门面的水果店里的鲜红苹果"与"同胞摆的水果摊上的烂苹果"作了生动比拟。他说："租界住宅区临近马路三间门面的水果店里的鲜红苹果"中国人是"很少进去的"，因为买不起。那么要吃苹果怎么办？我们只能"到同胞摆的水果摊去，花几文钱买一只烂苹果"。对这只烂苹果，"我们先前的批评法，是说，这苹果有烂疤了，要不得，一下子抛掉"。鲁迅认为这是不足取的。就当前的救急而言，正确的做法应该是，如果苹果不是穿心烂就说："这苹果有烂疤了，然而这几处没有烂，还可以吃得。"也就是说既要指出错误，还要发现优点、肯定优点。这样，"译品的好坏是明白了，而读者的损失也可以小一点"（李秀卿，2012a）。

"远东反战大会"后，楼适夷被捕入狱。在狱中他曾写信向鲁迅求救，希望他能设法营救自己出狱。鲁迅得知后，首先介绍楼适夷的堂弟楼炜春去找柳亚子先生想办法，后来又通过曾来上海参加"远东反战大会"的英国"红色爵士"马莱向国民政府驻英使馆施加压力，迫使大使郭泰祺向国内外交部查询。虽然最终没有获得成功，但反映了鲁迅对这位"左联"青年的爱护。楼适夷在狱中也不忘学习马克思主义文艺理论，学习了鲁迅先生委托楼炜春送来的普列汉诺夫的《艺术论》《艺术与社会生活》《苏俄文艺政策》、梅林的《文学评论》《海上述林》等。同时，在同情革命的监狱教诲所所长沈炳铨的帮助下，以翻译《德国军事法典》为掩护，在狱中继续文学翻译活动；同狱友一起组织了"黑屋诗社"，并出了手抄刊物，收入《适夷诗存》的《咏菊》和《春天》两首诗便写于狱中（南志刚，2010）。

第四节 坚守"孤岛"：《文艺阵地》的抗战文艺

抗战期间，具有全国性影响且持续时间很长的大型文艺刊物，除了全国文艺界抗战协会的机关刊物《抗战文艺》，就是《文艺阵地》了。楼适夷独自苦撑编辑的《文艺阵地》，从香港辗转到上海，"必须处处通过敌人的封锁线及其他阻难"，坚守"孤岛"进行的地下文艺抗战，《文艺阵地》"在大后方，在各战区，在抗日民主根据地，仍被作为一个全国性的刊物而受到重视"（楼适夷，1983）。在复杂多变的战争环境中，楼适夷在茅盾之后，把一个创刊不久《文艺阵地》刊物办得风生水起，使它成为影响波及海内外的重要杂志。《文艺阵地》把世界反法西斯斗争和进步文艺作品及时传递给中国广大读者，极大地鼓舞了抗日军民的士气，发挥了重要的文化媒介功能（李秀卿，2012a）。

一、受茅盾重托代编《文艺阵地》

1937年"七七"事变后，楼适夷被保释出狱。次年8月他曾向组织提出申请前往延安，但未果。在广州沦陷前，冒险乘船辗转到了香港。当时茅盾正在香港编辑《文艺阵地》，见楼适夷到访就留他一起出版《文艺阵地》。楼适夷（1983）说："茅公把我留下，帮助他做《文艺阵地》的编辑工作……我感到我有责任为他分劳，同时又不大愿意回到四周被敌人包围的上海租界地去，就在香港留下来了。"楼适夷原本以为只是协助茅盾的编辑工作，哪想到因为有了他的出现，让茅盾下定了决心携家人赴新疆工作。关于这一点，茅盾有过这样的回忆：

既决定去新疆，我就考虑《文艺阵地》和《言林》怎样交代。《言林》可以交给杜埃，他在香港做地下工作，由他接手《言林》我也放心。《文艺阵地》却颇费周折，因为生活书店并无停刊的意思，而接替的恰当人选却还没有。正在为难之际，一天忽见楼适夷敲门进来，原来他撤出广州后沿西江绕了个大圈子，又从湛江乘船来到了香港，同行的还有蒋锡金等人。我当即一把抓住了适夷，请他协助我编《文艺阵地》。我没有告诉他我将要去新疆，我想：让他先编起来，等到工作熟了，屁股坐定了，再告诉他不迟，那时"木已成舟"，想来不会再推辞了。

《文艺阵地》作为在抗战初期由茅盾独自倾力创办起来的一份有广泛影响的杂志，他是非常珍视的，不想让这本刊物毁于一旦。正愁苦于找不到可以放心托付的人，楼适夷的突然造访，让茅盾欣喜得很。由此可见，经受住牢狱之灾考验的楼适夷，无论是人品气节还是文学造诣，都深得茅盾的信任和欣赏。楼适夷答应了茅盾的要求，决定留了下来，但是担任《文艺阵地》主编是断然不能接受的，最后同意担任代理主编。即使是代编，楼适夷对茅盾也是有承诺的。他答应"尽可能维持到茅盾回来，不管遇到多大困难决不使它中途夭折"。一诺千金，这也是茅盾看中楼适夷的主要原因。

《文艺阵地》从第二卷第7期开始，楼适夷开始独立承担编辑工作。《文艺阵地》的基础是比较好的，之前有茅盾的主持，稿源也比较丰富。但是随着战争的进程，情况出现了很大的变化，稿件被日军扣留、印刷极其困难等情况一一出现，甚至他的行踪还引起了港英当局政治部探员的注意，所幸有人通报，才得以逃脱。1939年6月，楼适夷潜回上海，《文艺阵地》的编辑出版工作也随之转移到上海。

二、《文艺阵地》的抗战文艺空间建构

《文艺阵地》一开始就是高举抗战文艺的大旗，是为适应抗战文艺运动中"比较集中地研究理论，讨论问题，切磋，观摩——而同时也是战斗"的需要而创办的，旗帜鲜明地提出刊物是"拥护抗战到底，巩固抗战的统一战线"的阵地而存在。由此可见，《文艺阵地》甫一面世，就有着清晰的办刊定位，对刊物所担负的使命有着清醒的认识。在抗战文艺的特性上，楼适夷不折不扣地贯彻了茅盾的编辑宗旨和办刊理念，并且有不少的开拓创新之处。《文艺阵地》是当之无愧的抗战文艺的旗帜和阵地，由一大批"拥护抗战到底"的新老作家，组成了阵容强大的作家队伍，团结在刊物周围，为抗战而摇旗呐喊。"跟随抗战新阶段的开展，文艺出版的条件也愈益艰苦，以全国为对象的文艺刊物，几乎已只有《文阵》与重庆的《抗战文艺》了，我们希望能够得到更多的助力，与更密的联系，来巩固我们的阵地"（适夷，1938）。可以说，当时凡是与楼适夷有联络的革命作家都成为了《文艺阵地》的撰稿人。比如茅盾、丁玲、艾青、田间、老舍、司马文森、锡金、任钧、萧红、穆木天、骆宾基、周而复、刘白羽、周文、巴人、艾芜、臧克家、欧阳凡海，等等。

同时，楼适夷善于发现并扶植抗战文艺的新生力量。通过《文艺阵地》楼适夷还发现和培养了一批有才华的后起之秀，如周正仪、乔穗青、田青、寒波、袁水拍等，扩大了革命作家群体的队伍，让更多的富有正义感与爱国情的年轻人加入到抗战文艺活动来。这些新生力量包括文学创作和文学

评论等多个方面，地域遍布全国各地。对此，楼适夷曾说："按照茅公临行的叮嘱，我尽量在无名的投稿者中，探觅新人。在评论方面，我找到了在港的黄绳，楼牺他们……新的无名作家，我也忘不了在昆明中学教书的周正仪，在香港生活书店的一位职员寒波，在西北的乔穗青……在上海的田青。"由此可见，楼适夷并未对《文艺阵地》另立新章、改变编辑方针，而是继续按照茅盾的办刊理念开展编辑工作，但这份守成之功，实在不亚于茅盾的开创之功。

楼适夷（1939a）积极倡导文艺大众化，评价周正仪创作的小说"笔触非常平易，没有一种雕琢的痕迹，而在平易之中有一种深入人心的力，是很高于中国化与大众性的"。他（1939a）还要求作者在写作过程中，"时时刻刻把水准较低的大众读者放在自己的心目里，意识着大众的程度，感情与嗜好，……尽量吸收大众自己的优秀的语汇，学习旧小说的语法上的长处，锻炼新的大众的言语"。

三、《文艺阵地》的抗战文艺理论建设

文艺理论的建设，在新文学的生成与确立中起到很大的作用。"理论在中国现代文学中被赋予的那种明显夸张的力量，只能在新文学由以产生的文化危机语境中，根据中国知识分子所进行的文学借鉴的特定类型加以理解。"（刘禾，2002）这种明显夸张的力量，便是在确立新文学合法性的战斗中，理论所具有的重要意义。

抗战时，民族矛盾上升为压倒一切的矛盾，新的现实促进文艺界抗日民族统一战线得以形成"文学为抗战服务"的要求把作家和理论批评家的视线引向民族危亡的社会现实。文学和社会现实的关系受到空前的重视，唯有现实主义文学才能真实反映现实生活的文学主张坚定了作家对现实主义创作路线的信心，同时也激发了理论批评家深入研讨现实主义批评原则的热情。与一般的战时的文学刊物不同的是，《文艺阵地》并没有将文学

作品作为占据刊物的主体部分，而是理论研究多于创作，并且理论研究中的理论批评又是刊物的重中之重。在《文艺阵地》中几乎每期设有短评、书评、书报述评等针对作品的批评专栏，尤其因刊载大篇幅的理论批评文章而受到批评家的喜爱。《文艺阵地》的批评文章紧贴生活抨击现实、切中时弊，因而一直受到社会各界人士的关注。与一般编辑人相较，楼适夷和茅盾一样，最会迎合读者与批评家的心理，注意与他们产生共鸣，因而获得大批读者、批评家的鼎力支持，得以在战时环境里顽强生存下去（张积玉，罗建周，2009）。

茅盾在《文艺阵地》发刊词中开宗明义："这阵地上，立一面大旗，大书'拥护抗战到底，巩固抗战的统一战线'！"为《文艺阵地》的理论建设指明了方向。《文艺阵地》上的抗战文艺理论建设，主要集中在两个方面，一是现实主义，一是文艺大众化（王鹏飞，2013）。关于现实主义，茅盾认为，"'五四'以来新文艺的传统，是写实主义"，而"'五四'以来写实文学的真精神就在于它有一定的政治思想为基础，有一定的政治目标为指针"（玄珠，1938）。"写实文学的真精神楼"对于抗战文艺而言，有着天然的契合，因此也成为抗战文艺理论的首要探讨的对象。楼适夷（1939b）在一篇《编后记》中也提到，《文艺阵地》"探讨抗战文艺中一切问题，建立新的现实主义文学的理论基础，以及尽量反映全国各地文艺运动作家的活动的状态"。

李南桌是抗战时茅盾发掘的文艺新人，其眼光的敏锐要超越很多老作者。李南桌的《广现实主义》刊登在《文艺阵地》第一期上，是《文艺阵地》关于现实主义讨论的发轫之作。他提出了"广现实主义"的口号，建议作家们跨越所谓的主义门槛，不要再作无谓的争论，"把自己与当前的中心现实——'抗战'——间的最短距离线找出来吧"！祝秀侠（1938）则在《现实主义的抗战文学论》一文中，用15000字全方位论述了现实主义抗战文学的创作方法。他提出："现实主义的抗战文学，第一，是不能不有'艺术性'的，第二，现实主义的抗战文学须有'典型性'。"，这里又涉及了抗战文艺现实主义另一个重要问题：创作中的典型问题。至于典型问题，在茅盾看来，《文艺阵地》上发表《华威先生》和《差半车麦秸》就是。祝秀侠（1938）还指出："假如在抗战期中，贪官污吏仍然所在多有，那么描写政治的黑暗，官吏的贪污底讽刺或暴露的作品……一样是现实的。假如在抗战期中，公子哥儿仍然在那里醉生梦死，歌舞娱情，那么描写糜烂生活的讽刺或暴露的作品一样是现实的。"在讨论现实主义的同时，《华威先生》等现实主义抗战文艺力作得以发表，是对抗战文艺现实主义理论建构的最好诠释。

文艺大众化是《文艺阵地》关注的另一个问题，对《文艺阵地》而言，对这个问题的关注几乎与现实主义同时。周行在第一期刊登的文章《我们需要展开一个抗战文艺运动》中就指出"大众的文艺抗战的创造"；他在第二期上又发表了《旧形式运用问题》《旧形式利用之实验》等文章，直接切入文艺大众化的实践手段，提示在理论探讨之外文学实践的重要性。在讨论抗战文艺现实主义的同时，目光也投向文艺大众化，是现实主义和文艺大众化理论建设的一个特点（王鹏飞，2013）。现实主义和文艺大众化并不是孤立或对立的，而是有机联系的。就像李南桌（1938）在《关于"文艺大众化"》一文里所写的，"大众化最终不是单纯的表现工具上的问题，也不是文艺的降低而是提高，文艺的大众化是现实主义的深入"。

四、《文艺阵地》中的文学典型

《文艺阵地》所刊作品的取材不断拓展，国际国内、前线后方，无不涉及。使抗战文艺摆脱了初期"轰轰烈烈、空空洞洞"的局面。而《文艺阵地》的作家们也密切结合抗战现实，深入生活、反映时代、创造典型，实践着办刊宗旨。他们以超乎寻常的勇气，克服重重困难，艰难地支持着刊物的运作，很多作品并无稿酬，但这些名家依然热情地进行创作，以期通过文学的创作，为民族解放和后方的建设作出自己独有的贡献。正因为他们的创作具有鲜明的时代特质和文化品格，使得《文艺阵地》在抗战烽火中呈现别样的美丽（缪立新，2015）。作为抗战时期的综合性文艺刊物，以抗日战争为主要背景和题材的抗战小说是《文艺阵地》"主打"品牌之一。张天翼《华威先生》（创刊号）、姚雪垠《差半车麦秸》（1卷3期）、萧乾《刘粹刚之死》（1卷4期）、沙汀《防空——在"堪察加"的一角》（1卷5期）、《烧箕背》（7卷2期、7卷3期）、丁玲《在医院中》（7卷1期）等作品影响最大，是这一时期抗战小说的缩影。其中，《华威先生》为现代文学史贡献了"华威先生"这一"救亡专家"的典型形象，轰动文坛。"华威先生也许是抗战爆发后在文艺作品中出现的第一个典型人物，他的出现有很大的意义。"（茅盾，1984）《文艺阵地》的理论批评家祝秀侠（1938）亦认为"现阶段的抗战文学作品，正需要着活生生的有血有肉的现实的典型人物，使人们认识抗战阶段的各种人物的具体的样态，使人们从这典型中激励自己""一定也有人觉得这些典型人物还不免是略具须眉的素描，而不是巍然耸立威仪堂堂的巨像；但是，我们决不能否认，新时代的各种典型已经在我们作家的笔下出现了。蓓蕾既已含苞，终有一日灿烂开放"（茅盾，1938）。姚雪垠的《差半车麦秸》是《文艺阵地》上刊登的另一部优秀的作品，发表于1卷3期，引起的轰动不亚于《华威先生》。对此，王任叔（1950）做过这样的分析："把这两部作品对照起来看，非常巧妙地可以看出中国抗战的两条路线，两个办法。而《差半车麦秸》，应该说是对更本质的农民性格的把握；华威先生却是中国旧民族性之一部分——官僚阶级的劣根性在扬弃过程中浮出来的残渣。"茅盾对《差半车麦秸》也是特别钟爱，他认为这部作品塑造了农民觉醒的典型，挖掘出农村老百姓先天的民族意识。茅盾的《霜叶红似二月花》展现了中国现代化进程中现代文明与传统文明的冲突，这种冲突给时代青年带来了认同焦虑中的断裂感、忧郁感等"断零体验"的现代性。这部作品也从一定层面上折射出作者在把握中国社会进程及青年群体生命状态时的现代性思维（熊杰，2009）。

随着抗战不断深入，《文艺阵地》除了歌颂与美化英雄人物、暴露与讽刺反面人物，在这两类形象塑造书写的基础上，在战争新生态和政治新生态的新时代历史场域里，新人物"新质素"的塑造成为人物形象刻画的核心。"题材范围逐渐扩大。新的人物新的性格在作品中开始登场"，楼适夷在刊物一周年时发出了这样的感想，点明了《文艺阵地》的新时代人物书写的新趋向，开启了转变与"新生"的"新"人物的形象塑造。《文艺阵地》抗战小说中"新"人物的形象主要包括两类：一类是从"落后分子"转变为"战斗英雄"的"新"战士英雄；另一类是在艰难复杂的抗战中，从迷惘悲观到坚定乐观的"新"青年救亡者（程秋云，2021）。

五、《文艺阵地》的影响力

《文艺阵地》影响范围极为广泛，编辑地香港、上海和战时陪都重庆自不必说，其他城市和战区，包括闽粤桂及昆明也通过生活书店建立的秘密渠道得以发行。刊物受到读者的喜爱和追捧，"青年学生，对文阵都非常热烈，潮安一中学，每期购四十份"，其影响所及甚至远播南洋。可以说，"它和前线，后方，敌后，抗日民主根据地，均能取得广泛、密切的联系"，"是抗战时期，生存寿命最长，影响最广，内容上乘，最受读者欢迎的全国性重要的文艺刊物之一"。这在"必须处处通过敌人的封锁线及其他阻难""随时随地都可以遇到意外的挫折"的抗战条件下，"简直是不能令人相信的奇迹"。当时发行的全国性影响且持续时间最长的大型刊物，除了全国文艺界抗敌协会的机关刊物《抗战文艺》之外，就只有《文艺阵地》了。它创造了中国抗战时期文学期刊史上辉煌的一页。其理论批评不仅有力地推动了20世纪40年代文学理论批评的现代化进程。对自"五四"以来的20世纪文学理论批评的重塑有十分积极的意义，而且也对20世纪中国文学、文化的发展乃至中华民族抗日战争的胜利作出了不可磨灭的贡献。

这样一个刊物，楼适夷独立苦撑了一年多，所编期数占了全部期刊总期数的一半。就外国文艺的译介而言，楼适夷在其中所作的诸多开拓性工作，所付出的大量心血，足以让我们重新估量《文艺阵地》对楼适夷的意义。他多次呼吁作家注意国际动态，积极支持《文艺阵地》这方面的稿件。他自己更是亲力亲为，译介了许多文章和作品。事实证明，楼适夷不仅践行了自己对茅盾的承诺，把《文艺阵地》维持到了最后，而且在这个过程中全面锻炼和提升了自己的编辑思想和业务素质，他在编辑出版方面的才能得到文艺界的认同，协调各种关系的能力亦得到加强。因此，《文艺阵地》对楼适夷而言，应该是其编辑生涯中最为重要的一个刊物，《文艺阵地》时期亦为其编辑生涯最为辉煌的巅峰时期。著名学者杨义（2009）对此曾感叹地说："它与《抗战文艺》以全国性文艺组织名义主办，出版于战时陪都，因而成为全国性刊物不同。它编辑、出版长期偏于东南一隅，依凭着曲折的、不稳定的出版发行途径，以一两个编辑者之力却赢得全国性举足轻重的声誉。这令人不能不钦佩其编辑者的办刊腕力。"

第五节　国际文艺的译介者：从《在人间》到《艺术论》

通常情况下，翻译在一个民族正常状态的文化中应居于次要位置，"但中国从二十世纪初，直至三四十年代，翻译文学都在推翻封建文化，建立现代文化的形成过程中扮演了重要角色。三四十年代的文学翻译更在承续五四新文化传统和建立左翼革命文化传统的程中起到了举足轻重的作用"（李今，2009）。左联成立伊始，翻译就被赋予了从国外"窃火"的重任，这是由中国革命文艺自身的特殊性所决定的，中国新文学和革命文艺建设没有自己的经验,所以必须学习借鉴国外的作品。楼适夷就是在这样的大背景下走上革命文艺翻译之路的。

一、用世界语转译外国作品

楼适夷的外国文学翻译首先是从世界语起步的。世界语(Esperanto)是由波兰籍犹太语言学家柴门霍夫创制的一种国际语,1887年公布。创制初衷是为了消除不同民族之间由于语言隔阂产生矛盾纠纷甚至流血冲突,促进民族平等,实现世界和平。为了表示中立,柴门霍夫没有采用任何一个民族的语言,而是重新设计了一种人造语言充当国际通用语。柴门霍夫宣扬平等、和平的理念逐渐为一些欧洲人接受,遂掀起了世界语运动。最初只在西欧流行,第一次世界大战后在俄国十月革命的影响下,世界语逐渐与工人运动相结合。1921年成立了第一个工人世界语国际组织——全世界无民族协会(SAT)。

在上海钱庄当学徒期间,通信图书馆和上海世界语学会合租在一起,这为他学习世界语提供了便利。20世纪30年代,世界语在我国广泛传播,在左翼文化运动中发挥了重要作用。《桥》不是楼适夷最早出版的作品集,却是第一本译文集,里面收入了波兰、保加利亚、日本、德国、苏联等七个国家12位作家12篇短篇小说,除《多瑙河的秘密》和《揭光者》为朋友所译外,其余10篇均为楼适夷翻译。在逃亡日本期间,楼适夷又从世界语翻译了几个外国文学作品。如苏联戏剧家Ａ．托尔斯泰的著名历史剧《但顿之死》、英国作家鲁意司·勃理格斯的儿童剧本集《灰姑娘》等,还翻译了伊滋乔的散文诗《在那遥远的地方》。在中国世界语界,楼适夷一直被尊为开创者之一。

楼适夷走上转译的道路,绝非偶然。这是20世纪二三十年代建设中国革命文艺所面临的特定文化语境所规定的。也就是说,楼适夷的转译是在革命文艺急需大量翻译人才而直接翻译又不能满足需要的情况下一种必然的选择，楼适夷用自己的转译实践证明了鲁迅"非有复译不可"的卓见。"深通原译文的趋时者的重译本，有时会比不甚懂原文的忠实者的直接译本好"（王得后，李庆西，2006），鲁迅先生的观点体现是一种解决中革命文艺面临问题的务实态度。事实上，整个20世纪中国现代文学翻译中转译是普遍存在的现象，从英语转译苏俄文学、东欧及"弱小民族文学"，甚至印度文学，从日语转译苏俄欧美文学的现象都大量存在，运用转译从事翻译的翻译家更是一个庞大的群体（王向远，2007）。

楼适夷（1933）对于翻译的态度，曾经有这样的表述：

许多在那儿干硬译乱译工作的人，如果改行来做"改头换面的编述工作"，是否胜任得了？我们知道翻译一部著作，如果对这著作有较深的理解，则无论这著作多么深奥，无论中外文法、习惯相去得多么遥远，也决不致生硬到像现在许多译品那么令人不敢领教的程度。听说现在有许多翻译家，连把原作从头到尾瞧一遍的功夫也没有，翻开第一行就译，对于原作的理解，更无从谈起。我听到过一个笑话，有一位书店老板读了高尔基《四十年代》的中译本，说高尔基的文章写得不通。所以"这些书的完全没有销路"，而有商量之余地者，不在于翻译工作本身，乃在于翻译的态度。

在他看来，如果没有严肃的态度，如果没有对原作的深度理解和把握，如果没有广博的素养，那"结果一定会闹得更糟糕，说不定'述略'会变成'割裂'，'大众化'会弄成'恶俗化'或'歪曲化'"。因此，"真正能够把高级作品大众化的人，必须是真正能够理解高级作品的人，否则活剥生宰，变成一个失了生命的僵尸，那才是无限罪过"（李秀卿，2012a）。

二、译介苏俄文学作品

苏俄文学，是楼适夷译介的外国作品的主要内容之一。楼适夷接触苏俄文学，最初是在上海做学徒时期。楼适夷学过俄语，但远未达到可以用来翻译的程度，因此他的苏俄文学翻译除少量从世界语转译，绝大多数是通过日语翻译的。楼适夷从日本流亡归来，正赶上国内译介高尔基热潮的兴起。楼适夷翻译高尔基的第一个作品是《强果尔河畔》，这是高尔基的一部早期小说。作品流露出来的对俄罗斯人民苦难生活和对祖国命运深深的忧虑，很能引发中国读者的共鸣，从而抓住了读者的心。1928年，高尔基从意大利回到苏联。1932年9月中国左翼文坛对此作出热烈响应，发表了《高尔基的四十年创作生活——我们的庆祝》。这篇贺词由楼适夷起草，鲁迅、茅盾、丁玲、曹靖华、洛扬（冯雪峰）、突如（夏衍）、适夷（楼适夷）等七人联名签署的贺词，代表中国左翼作家表达了对这位世界文豪的由衷崇敬之情。据说贺词的观点基本承袭了卢那察尔斯基的高尔基论，这也就反映了20世纪30年代中国左翼文坛与苏联文艺理论之间深刻的关系。

在南京狱中，楼适夷还翻译了高尔基的三篇短篇小说《连歌》《清苍与薄灰》《他们走着》。这些作品被同情革命的人士秘密带到上海，发表在鲁迅主编、黄源编辑的《译文》（新1卷1、2期上）。高尔基早中期反映社会底层苦苦挣扎着生活的小人物和知识分子命运的作品深受楼适夷的喜爱，这种独特的选择倾向源于楼适夷对自己苦难的祖国，特别是对下层民众痛苦生活的深切体验和深深的同情。关于高尔基的中长篇小说，楼适夷翻译的也有《老板》《意大利故事》《奥古洛夫镇》《意大利童话》等多部。《在人间》是楼适夷最具有代表性的翻译作品。这部译作1935年完成于南京中央监狱，是楼适夷根据日本改造社版《高尔基全集》中高桥晚成的译文进行转译的。《在人间》得以广泛传播，得益于黄源的义举，当时他中止了自己在《中学生》杂志上的连载作品，换成了《在人间》。1941年6月上海开明书店以《人间》为书名发行了第一版，之后不重印，到1946年10月共印行五版，几乎是一年一版。

可以说，楼适夷转译的《在人间》，影响了整整一代的年轻人。高尔基的《在人间》能对中国文艺产生这么大的影响,"和楼适夷辛勤艰苦地翻译、出版分不开的"。大家"都曾从这部伟大著作中吸取了思想和艺术的营养和影响"(周而复,2005)。顾征南(2005)回忆说:"我最初知道适夷的名字,是在1940年上海沦为'孤岛'的时候,当时我是一个十五岁的少年。因家贫失学内心陷入苦闷。就是读了开明书店出版的高尔基的自传小说《人间》,使我振作起来,走上自我奋发的道路。这书的译者就是适夷先生。"前《随笔》主编黄伟经(2005)也说:"我最初知道楼适夷名字,是在半个世纪前,读过他从日文翻译出版的高尔基《在人间》和赫尔岑《谁之罪》。那时我还是少不更事的小伙子,也只是知其名而已。"

1936—1937年,楼适夷相继翻译出版了高尔基的《我的文学修养》和《高尔基文艺书简集》,为文艺青年们提供了富有参考价值的文艺创作入门书。身陷囹圄的楼适夷并没有悲观失望,颓废丧志。他关注着中国现实,关注着文坛状况,心系革命文艺,关心着文艺青年的成长。他通过转译,向青年们介绍高尔基从事文学事业的宝贵的经验,以及告诉今日的青年,应该怎样认识文学、从事文学。

楼适夷翻译的外国文学除苏俄之外,还有法、英、德及波兰、瑞典、挪威等欧洲国家。所译作家,除罗曼·罗兰、易卜生之外,都是些名不见经传的人物。即使是罗曼·罗兰、易卜生,楼适夷所译的亦非他们代表性的作品。这显示出译者选题的某种倾向性,即不是根据作家作品的知名度,而是视其内容和主题来定夺,目的是满足现实需要。这也正体现了他的革命作家身份和立场。

三、翻译马克思主义文艺理论

楼适夷是我国参与译介苏俄文艺理论的先行者之一。特别是在左翼文艺运动开展初期,他翻译的大量马克思主义文艺理论为革命文艺的发展提供了可资借鉴的理论和批评方法(李秀卿,2012a)。在20世纪三四十年代掀起的苏俄文学翻译热潮中,第一波浪潮就是对苏共文艺政策和马列文艺理论的翻译。楼适夷翻译的《马克思恩格斯艺术论》在这波浪潮中,具有特殊的地位。

《马克思恩格斯艺术论》由苏联著名文艺理论家卢那察尔斯基主编,苏联共产主义学院文艺研究所研究员希列尔和里夫希茨具体编纂,是世界上第一部系统整理马恩文艺言论的专著。楼适夷通过日译本进行转译,并于1933年出版,是国内第一本出版马克思恩格斯经典作家文艺理论专著。这本书包含"社会生活中艺术的地位""关于文学的遗产""观念形态的艺术"等三部分内容组成,辑录马克思、恩格斯全部著作及书信中几乎所有关于文艺的论述。关于这本书的评价,日译本书末有这样的文字:"这本《艺术论》自一九三三年发表以来到今天为止在苏联文学上发生着如何巨大的作用,只消看此后关于社会主义现实主义的理论,因此书的利用而显著提高便就明白了(外村史郎,1950)。"在中国左翼文艺运动发展的关键时期,楼适夷翻译的这本书"使我国读者第一次比较系统地了解了马克思恩格斯的文艺论述","为马克思恩格斯文艺思想在中国的传播起了很大的作用"(李今,2009)。

第五章

柔石：左翼刊物的耕耘者

第一节　刚柔并济的左翼文学青年

第二节　编辑《朝花》和《语丝》

第三节　在文学作品中建构个性精神

第四节　编辑"左联"机关刊物《萌芽》月刊

柔石（1902—1931），宁海县人，原名赵平福，又名平复、少雄，著名作家、编辑家、革命家，中国共产党，"左联"五烈士之一。柔石一生积极从事新文化运动，力图唤醒各界民众，具有强烈的忧国忧民革命的意识。1931年1月17日，柔石等在公共租界参加上海中共党内会议时，被巡捕房逮捕，随后巡捕房将其移送至上海龙华淞沪警备司令部；2月7日夜，遭秘密处决，牺牲时年仅29岁。柔石在他短暂的生命中，笔耕不辍，成果丰硕。他创作的小说《二月》《为奴隶的母亲》等，具有很高的时代意义、艺术价值和审美特色；共发表的文学作品约55万字，译作约63万字，另有未发表手稿22万字。他负责主编的《朝花》《语丝》《萌芽》等进步文学杂志，为繁荣革命文艺创作、扶植新生的木刻艺术作出了巨大的贡献。

第一节　刚柔并济的左翼文学青年

一、寒门学子的求学之路

1902年，柔石出生于宁海县城内市门头。家境贫寒，祖父是一个穷书生，父亲是咸货店学徒出身，后开了一家鲜咸水产的小店，以此为生。因生活困难，加上柔石从小体弱多病，10岁才进入城内关王庙缑中学堂读初小。柔石原名赵平复，柔石这个笔名，则有深刻的意蕴。明初，宁海名儒方孝孺，对建文帝极端忠诚，他反对燕王朱棣以武力夺取帝位，最终招致十族之诛。宁海人为追念方孝孺，建方孝孺祠，祠前有一石桥，上镌"金桥柔石"四字。赵平复青少年时代对方孝孺至为仰慕，常在桥边流连忘返。后来，他从事革命活动，撰写文稿，便把"金桥柔石"四字分为两半，以"金桥""柔石"作为自己的笔名。"柔石"一名，兼有"强矫"与"谦逊"并举之意，刚柔相济，他尤为喜爱，用得也最多，因而更为人所知，而原来的名字反而被淡忘了。

1913年，柔石进入城西正学高等小学。方孝孺又被称为正学先生，正学高小得名于此。当时的校长是宁海的名儒龚志清，致力于开启地方民智，热心教育，将学校办得很有特色，颇具名望。在学校里，柔石学习刻苦，不论听课、习字总是聚精会神，所以成绩优良；同时，他还很喜欢美工、书法、琴艺等。因为家境拮据，父母在他小学毕业之后，本来想让他去学生意，但他求学心切，加上亲友们也都说他学习好、有前途，父母才勉强让他去读中学。1917年，柔石考入台州浙江省立第六中学，但由于学校管理不善、学费昂贵、师资薄弱、学风差乱，柔石深感失望。他心疼父母为其读书付出的辛苦和汗水，而自己却学不到真正的学问，他为此而忧郁不安。一个偶然的机会,当他得知省城杭州有一所可以享受官费的学校——浙江省第一师范学校,且师资强、条件好,他毅然决定中途退学,回家自修,准备次年报考浙江一师。

宁海旧属台州府,"只要一看到他那台州式的硬气就知道,而且颇有点迂,有时会令我想到方孝孺,觉得好像有些这模样的",鲁迅先生在《为了忘却的记念》一文中,对柔石如是评价。鲁迅先生和柔石都是浙江人,可以说是半个老乡,他对这位肝胆相照的晚辈和战友的评价,用一个字形容就是"迂",两个字就是"硬气"。当然这里的"迂",并不是指迂腐,而特指台州人身上这种知其不可而为之的坚守。在鲁迅先生的笔下,柔石"无论从旧道德,从新道德,只要是损己利人的,他就挑选上,自己背起来"。他在监狱中仍然关心国家人事,笔耕不辍,始终满怀热切希望。面对敌人拷打,他坚强不屈,最后壮烈牺牲。

柔石的硬气,与宁海大儒方孝孺一脉相承。《明史·方孝孺传》记载,方孝孺性格刚直、满腹经纶,被人称为"明之学祖"和"天下读书种子"。因不肯为燕王朱棣草拟登基诏书,宁肯"诛十族",也不愿低下高贵的头颅。"台州式硬气"在方孝孺身上体现得悲壮凄凉。在正学高等小学读书期间,柔石不仅从老师那里学习到先贤正学先生的悲壮故事和流传下来的作品,更是因此在心中树起了一座不倒的丰碑,他和同学经常一起去跃龙山上徜徉凭吊,像是希望从苍翠入云的古柏树中获得先贤的启示。他后来觅得一帧正学先生的木刻画像,裱上镜框,而且在背面写上"永远保存"四个字,悬挂在房内瞻仰。可见,方孝孺对他少年时期影响之巨大。

二、浙江一师的新文化熏陶

1918年秋,柔石如愿考入杭州浙江省第一师范学校。从那时起,他将自己的名字从平福改为平复。他非常珍惜去浙江一师上学的机会,并决心要学好每一门功课。他在学校给父母的信中写道,"于功课则克勤自进,努力前行，修养品性，完善人格"。浙江一师为他打开了兴趣之门，他在课余时间开始记日记，对文艺更是"情之所喜"，他除了经常向夏丏尊先生请教写诗作文之道，还经常去观摩学长加同乡的潘天寿作画治印。值得一提的是，当时的校长经亨颐（字子渊）是中国近代的教育家，从事教30余年，一贯主张"与时俱进""适应新潮流"的办学方针，提倡"反对旧势力，建立新学风"的教学主张。广采博引国内外先进教育思想，倡导人格教育，鼓吹"自动、自由、自治、自律""唯北京大学之旗帜是瞻"。教学上锐意改革，实行职员专任、学生自治、改授国语和改组学科制，学校先后聘请了大量名师，如夏丏尊、朱自清、杨贤江、朱光潜、王任叔、范寿康、陈望道、李叔同、俞平伯、刘大白等来此讲学授道。学校培养出大批有理想、有抱负的学生，如丰子恺、潘天寿、曹聚仁、柔石、刘质平、施存统等。浙江第一师范学校很快成为江南"五四"新文化运动的中心，陈望道后来在回忆中称，"五四"时期在全国范围内，"高等学校以北大最活跃，在中等学校，则要算是湖南第一师范和杭州第一师范了"。

"五四运动"爆发后，经亨颐校长支持杭州三千师生示威游行，声援北京学生。1919年11月，浙江一师学生施存统等创办《浙江新潮》周刊，主张社会改造，成为浙江最早受俄国十月革命影响宣传社会主义的刊物，被认作"宣传新思想最鲜明的旗帜"。施存统在《浙江新潮》第二期上发表《非孝》一文，向家族制度发难，率先揭开反礼教斗争的序幕，刊物随即遭北洋政府电令查禁。省教育厅下令开除学生施存统并解聘新派教员，经亨颐拒绝执行。1920年2月9日，经亨颐遭省教育厅免职。学校师生以"挽经护校"相号召，掀起"一师风潮"，多次向政府请愿，力陈挽经目的是为"维持本校改革精神，巩固吾浙文化基础"。当局出动军警包围并试图解散学校，在校师生与之展开坚决斗争。杭州各地学生也前来支援，梁启超、蔡元培等社会名流也来电指责当局暴行。在社会舆论的强大压力下，当局被迫与学生重开谈判，经蔡元培之弟、杭州中国银行行长蔡元康调停，下令撤围，收回解散学校的成命，并同意学生提出的"官厅任免校长须得学生同意"之要求。4月17日全校复课。这就是五四运动后震惊全国的"一师风潮"。

浙江一师的学生大多来自贫寒之家，更容易接受新思想的影响，倾向革命。当时480多名学生中，购买《新青年》《星期评论》《新潮》等就达400多份，省内新办的《浙江新潮》《钱江评论》等也受到学生们的欢迎。柔石是这些新刊物的热心读者，还经常把这些用白话文写的报刊，寄给家乡的亲友传阅。当时，浙江一师校内除学生自治会外，还有各种各样的小团体，爱好文学的学生们在师长的带动下，成立了文学社团——晨光社。由潘漠华负责，柔石、魏金枝、冯雪峰、汪静之、周辅仁等20余人参加。社员中有老师，也有学生，也有校外的人。国文教员叶圣陶、朱自清和刘延陵等担任了晨光社的顾问，他们和社员们一起经常在星期天到孤山的西泠印社、西湖的三潭印月等处集会，畅谈新文学作品、交流各人的习作，互相切磋讨论。他们还在杭州的报纸上开辟了《晨光》副刊，十天一期。尽管没有稿费，但社员们的创作热情依然很高，柔石也在《晨光》上发表了作品。可以说，晨光文学社是柔石步入文学世界的一个重要阶石，也可看作是柔石参加新文化运动的开端。

三、早年的创作与斗争经历

1923年，柔石于浙江第一师范学校毕业。起初，柔石留校复习，准备报考南京东南大学。1924年，柔石经妻舅吴文钦介绍，在慈溪普迪小学（今江北区慈城西郊）任教。学校是由当时旅沪实业家秦润卿于1915年联合旅沪同乡人士共同创立，以"普及文化，启迪民智"为宗旨。几年间，学校就取得长足发展，社会影响日隆。柔石到校后，普迪小学的校长不理校务，一味专营敛财，克扣教师工资。为此，柔石在校任教期间，思想波澜起伏不定，内心经常陷入苦困矛盾，彷徨焦虑中。所幸，经过一段时间内心挣扎自我否定后，柔石最终战胜自我，能够坦然面对现实，开始认真工作努力自学，并积极创作。其中《疯人》《船中》《前途》《一线的爱情》《生日》等，都是在这个阶段的创作的作品。其中在创作《生日》时，第一次使用"柔石"这个笔名。随着时间的推移，柔石的学识人品德行，日益为同事们所认识和尊重。于是，志同道合的老师在教课之余，经常聚坐一起，"谈一些报上的新闻，发挥些时事上的讨论，或辩论些思想上的是非"。进步教师钱助湘、干书稼为求将这些聚会的讨论进一步提高，与柔石商量成立读书会，旨在增进彼此间的学习、扩大讨论范围，希求在讨论中提高思想认识水平，同时也能增进友谊与团结性。柔石欣然同意，很快读书会便建立起来。在读书讨论的过程中，一改从前泛泛无边的讨论，开始突出民主与科学的思想性。

1925年元旦柔石的短篇小说集《疯人》出版，署名赵平复。经吴文钦联系，书籍由宁波华升印局印刷，图书的设计、装帧、校对皆出自柔石一人之手。《疯人》的出版可以看作是柔石早期创作的一个里程碑，是对前期作品的总结。《疯人》出版后，由吴文钦联系宁波文明书局及新学会社委托代销。

2月中旬，柔石开始北京之行。这次北京之行，是柔石期待已久的一次思想远游，这次行程让柔石开阔了视野，极大地丰富了他的精神世界。刚到北平，翌日，柔石"访一师校长马叙伦先生，他就一心入北京大学中国文学系旁听"。马叙伦，浙江杭县人，柔石毕业前一年任浙一师校长，是著名的教育家、"五四运动"时任北大教授、北京教职员联合会主席。在浙一师任校长期间，推行五四精神，传播民主与科学；鼓励学生去开创有利于国家民族的事业，这些教导都给柔石留下极其深刻的印象。柔石拜访马叙伦先生，既有对老校长尊敬爱戴之意，同时也有一个追求真理。

最使柔石兴奋不已的是旁听了鲁迅讲授"中国小说史略"的课程。鲁迅的《中国小说史略》，是中国文学史写作上具有开创性的典范，是鲁迅用了近20年的心血才逐步完成的划时代的不朽名著，打破了中国小说自古以来无史的格局。鲁迅从1920年10月开始在北大讲授中国小说史，每星期讲授一堂课,每堂两小时,一年讲完。柔石终于能坐在课堂上当面聆听鲁迅的授课,欣喜之情溢于言表,他在写给老家吴文钦的信中说,"真是平生之最大乐事,胜过了十年寒窗!"随着课程的深入,柔实对鲁迅的崇敬之情与日俱增。一年的学习让柔石获益匪浅,他不仅在课堂上认真听讲,课后还受鲁迅的启发,利用图书馆遍查图书,准备编写一部《中国文学史略》。(未竟稿,《左联五烈士研究资料编目》:"约作于1926—1927年")1926年,柔石回到家乡,在镇海中学任教。1927年2月18日,国民革命军攻克杭州,19日继克宁波与浙东各地,赶走军阀孙传芳。柔石在浙江省宁海县创办宁海中学,任浙江宁海县教育局局长,改革全县教育。

关于柔石的这段经历,鲁迅(1938)在后来撰写的《柔石小传》中这样写道:

……,毕业后,在慈溪等处为小学教师且从事创作,有短篇小说集《疯人》一本,即在宁波出版,是为柔石作品印行之始。一九二三年赴北京,为北京大学旁听生。

回乡后,于一九二五年春,为镇海中学校务主任,抵抗北洋军阀的压迫甚力。秋,咯血,但仍力助宁海青年,创办宁海中学,至次年竟得募集款项,造成校舍;一面又任教育局局长,改革全县的教育。

一九二八年四月,乡村发生暴动。失败后,到处反动,较新的全被摧毁,宁海中学既遭解散,柔石也单身出走,寓居上海,研究文艺。十二月为《语丝》编辑,又与友人设立朝华社,于创作之外,并致力于绍介外国文艺,尤其是北欧,东欧的文学与版画,出版的有《朝华》周刊二十期,旬刊十二期,及《艺苑朝华》五本。后因代售者不付书价,力不能支,遂中止。

四、景云里的温暖与力量

1928年6月,柔石来到了上海。作为一个曾经在浙江一师接受过新文化运动熏陶、在北京又经历新文化运动洗礼、在宁海乡下又无法安身立命的文学青年，到上海，似乎是柔石的必然选择。8月，柔石创作了长篇小说《旧时代之死》并完成修改后，决定向鲁迅先生寻求帮助。他之所以将鲁迅先生作为自己这部小说出路的引路人，主要是基于两个考虑：其一是因为鲁迅先生是当时热心帮助文学青年的一代文坛领袖；其二来柔石大概是觉得自己与鲁迅都是浙江人，算是同乡。9月初，柔石邀请了鲁迅先生在厦门大学任教时的学生王方仁和崔真吾一起去拜访。这次会面，柔石给鲁迅留下极好的印象，在交往的文学青年中，鲁迅对柔石是极其信任的一位。

1929年9月，鲁迅从景云里23号搬到了18号，便将23号让给柔石和王方任等居住。随着交往的进一步深入，加上柔石又是单身一人在上海，柔石就在鲁迅家里搭伙。这让背井离乡独自一人在上海漂泊的柔石，消解了孤独和困顿，感受到了家的温暖，因此也倍感珍惜。据《鲁迅日记》记载，鲁迅和柔石的接触有90多次；而《柔石日记》中的记录次数则更多，他们的接触和交流有100多次。鲁迅就像一束光，照亮了在黑暗中踟蹰徘徊的柔石，并给予他无限的温暖与力量。当时的周建人也和鲁迅先生住在一起，平日里，柔石就和鲁迅先生，还有周建人，一起谈论时事、交流文学，每每深受启迪。这个时期的柔石，性格开朗了很多，青春焕发，充满力量。他曾在日记里这样写道（王艾村，2002）：

好几次，我感觉到自己心底是有所异常的不舒服，也不知为什么。可是，在周先生家中吃了饭，就平静多了。三先生的一种科学家的态度和头脑，很可以使我的神经质的无名的幽怨感到惭愧，他的坚毅的精神，清晰的思想，博学的知识，有理智的讲话，都使我感到惭愧。而鲁迅先生的仁慈的感情，滑稽的对社会的笑骂，深刻的批评，更使我快乐而增长知识。

1929年的农历除夕，柔石在鲁迅家中度过。他在日记里记录了当时被温暖和愉悦包围的时光："此刻是夜半后二时。从吃夜饭起，一直就坐在周先生那里。夜饭的菜是好的，鸡、肉都有，并叫我喝了两杯外国酒。饭后谈天，我们四人（还有周建人先生和许先生），几乎从五千年前变到五千年后，地球转了一周。什么都谈，文学、哲学、风俗、习惯，同回想、希望，精神是愉悦的，我虽是偶尔想起自己离开母亲妻子，独身在上海，好似寄食一般在人家家里过年，但精神是愉悦的。……"

鲁迅对柔石的关怀是真诚的。他认真地审读了柔石的长篇小说《旧时代之死》的书稿，并称为"优秀之作"。他把柔石介绍给北新书局的老板李小峰认识，并当面推荐了这部书稿，让李小峰接受出版的要求。没过多久，鲁迅又向李小峰推荐柔石担任新的《语丝》主编的人选，对于柔石这样一位初到上海滩的无名青年作家，是何等的有幸。冯雪峰（1952）后来回忆："在柔石的心目中，鲁迅先生简直就是他的一个慈爱的塾师，或甚至是一个慈爱的父亲，却并非一个伟大的人物，而鲁迅先生也是像一个父亲似的对待他的。……柔石在我没有请他介绍之前就约我去见鲁迅先生，也就好像约自己的一个朋友去见他的塾师或见他的父母一样。""由于历来的经验，我知道青年们，尤其是文学青年们，十之九是感觉很敏，自尊心也旺盛的，一不小心，极容易得到误解，所以倒是故意回避的时候多。见面尚且怕，更不必说感有托付了。但那时我在上海，也有一个唯一的不但敢于随便谈笑，而且还敢于托他办点私事的人，那就是送书去给白莽的柔石。"在鲁迅的眼里，柔石是个善良厚道的青年，"无论从旧道德，从新道德，只要是损己利人的，他就挑选上，自己背起来"，所以他是鲁迅"唯一的不但敢于随便谈笑，而且还敢于托他办点私事的人"。关于这一点，连美国友人、德国《法兰克福日报》驻沪记者史沫特莱也看出鲁迅对柔石的偏爱，她曾回忆道："其中有一个以前曾当过教员叫柔石，恐是鲁迅的朋友和学生中最能干最受他爱护了"（王艾村，2002）。

第二节　编辑《朝花》和《语丝》

一、志同道合创办《朝花》周刊

2018年10月25日,柔石在给哥哥的信中提到"近来尚欲与三位友人办一种杂志,已得到几位先生的帮助。一月后或可能办就"(王艾村,2002)。这里提到的杂志就是《朝花》周刊。柔石与王方仁、崔真吾一起住在景云里,平日里除了看书写作就是讨论文学,没有经济收入。王方仁提出合伙创办刊物和出版图书的想法,并认为景云里居住的大多是文化界人士,有稳定的作者和读者群体,再加上他有个哥哥在教育用品社,不仅可以帮忙垫付油墨纸张等费用,还可以代收刊物和图书。这个想法得到了柔石和崔真吾的支持,于是他们一起去找鲁迅先生商量,看能否得到他的支持。鲁迅非常支持他们的想法,考虑到柔石的经济比较困难,一时拿不出钱,鲁迅帮他作了垫付,而且还让许广平参与了一股,总体上他承担了五分之三的经费。"他(柔石)躲在寓里弄文学,也创作,也翻译,我们往来了许多日,说得投合起来了,于是另外约定了几个同意的青年,设立朝华社。"11月,在鲁迅的主持和帮助下,柔石、王方仁、鲁迅及许广平合股创办的文学社团正式成立。为了鼓励青年们的创业精神,表达希望和期待,鲁迅借用陆机的"谢朝华于已披,启夕秀于未振",将文艺社团名字称作朝花社,并将拟创办的刊物取名为《朝花》周刊。他认为,朝花社和《朝花》周刊,应该以扶持一点刚健质朴的文艺为宗旨,除发表创作外,着重以翻译介绍东欧和北欧的文学,输入国外的木刻版画为特色(王艾村,2002)。

12月6日,《朝花》周刊第1期正式出版(图5-1)。这一期共发表文章5篇：原创作品2篇，其一为柔石所著的短篇小说《死猫》，批判不脚踏实地只做发财白日梦的人；翻译作品3篇，有崔真吾（笔名采石）所译的法郎士原著《三诗人》、王方仁（笔名梅川）所译的Swinburne原作《第一步》等。鲁迅非常看重这本只有16开8版的小杂志，将它作为革命文学活动的重要阵地，并付诸大量心血。他精心选用了英国著名插画家亚瑟·拉克姆的作品来装饰刊头，为刊名"朝花"书写了美术字。柔石在鲁迅的指导下负责杂志的编务工作，经常跑文具社、印刷所等处制图或校对等。他对待编务工作兢兢业业、一丝不苟、不辞辛劳，并体会到这项工作的意义与价值，因此热情也很高。鲁迅还手把手地指导柔石，并告知他：办杂

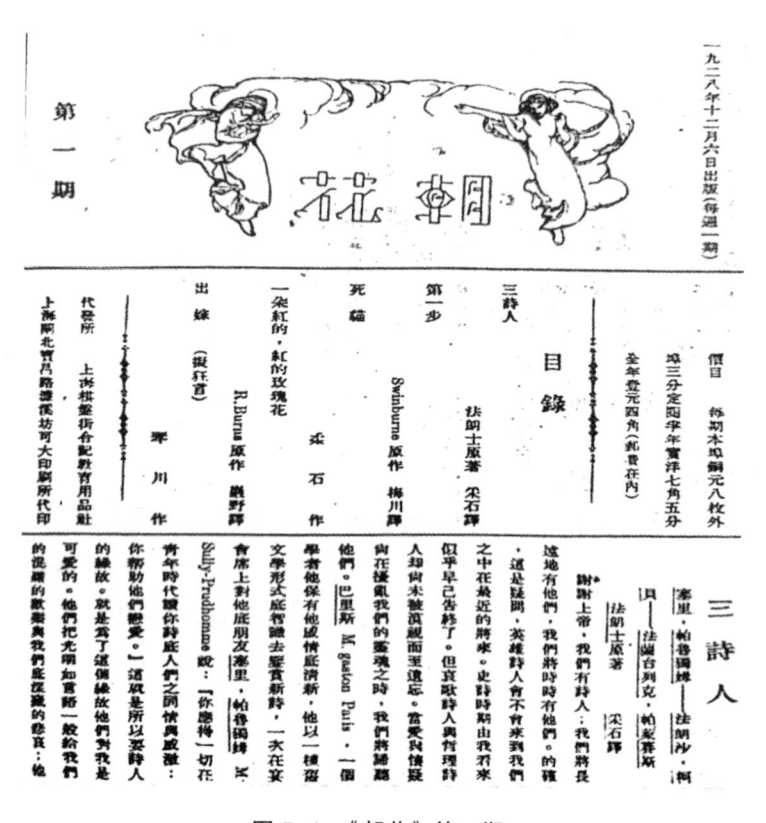

图5-1 《朝花》第一期

志不仅要做到文章内容扎实，还要在版面设计、编排形式上做到生动活泼，要懂得留白，以免密集带来的压抑感觉；在校对方面，更是一个字、一个标点都不能马虎。

二、《朝花》独树一帜推介木刻版画艺术

鲁迅要求在《朝花》周刊上尽量选登以木刻为主的国外美术作品。这个举措在中国文艺期刊出版史上具有里程碑的意义，不仅令读者耳目一新，还为当时的美术工作者的创作开拓了艺术视野，更是促进了中外艺术的交流和交融。柔石在学生时代就喜欢美术，经常在作业本和笔记本上设计封面等，喜欢书写题名，作画以装饰。鲁迅的"朝花"美术字书写雅致，装饰的名画恰如其分，这对柔石而言，从心底里更加萌生出与先生的灵魂深处的共鸣。他积极做好作为鲁迅助手的角色，想方设法收集整理有关国外木刻艺术的资料。在担任《朝花》周刊编务的同时，他还从事《艺苑朝华》的编辑工作。《艺苑朝华》专门介绍欧美、苏联和日本的美术作品。1929年1月24日《朝花》周刊第8期出版，过了两天，柔石和鲁迅合编的《艺苑朝华》第1辑《近代木刻选集》（1）与第2辑《蕗谷虹儿画选》，以朝花社的名义印成。这两本集子的出版，开创了我国介绍国外进步的、革命的美术作品——木刻艺术的先河，上海也因之成为我国进步和革命美术运动的策源地（王艾村，2002）。2月9日农历除夕，柔石应邀到鲁迅家中度岁，他和先生促膝长谈，在爆竹声中迎接新的一年，新的时代。随后，朝花社又相继印成了《艺苑朝华》第3辑《近代木刻选集》（2）和第4辑《比亚兹莱画选》。许广平在《关于鲁迅的生活·鲁迅与中国木刻运动》中回忆道：

……最热心而又傻子似的埋头苦干的柔石先生，听到鲁迅先生说中国信笺也是木刻之一时，他为好奇心所驱使，竟然把中国信笺寄了一些到欧洲去，意外地收到回信及木刻，大家就更欢天喜地……因此除了英国之外，

又留心到别的国度,在《近代木刻选集》(2)里面,就介绍了法、俄、美、日等国的作家。

《朝花》周刊共发表木刻版画作品 10 幅、胶版画作品 1 幅,以发表时间的先后顺序排列如表 5-1。

这些木刻版画作品题材较为丰富,有描绘风景的作品,如《老屋》;也有刻画人物的作品,如《鸥唱》(图 5-2);还有歌颂大自然的作品,如《休息》;赞美劳动人民的作品如《犁耕》《捞网》,以及诗歌作品插图;等等。这些木刻版画作品的选录,增添了《朝花》杂志的艺术气息和审美品格。如:日本著名女版画家蕗谷虹儿的《鸥唱》(图 5-2)和英国版画家 VivienGribble 女士的《德伯家的苔丝》插画(图 5-3)(郭伶俐,2016)。

虽然我国的木刻版画技术起源很早,但一直以来,"复制木刻"也仅仅只是在民间流传,并未被艺术家们视为一种真正的艺术,更没有进入"创作木刻"的阶段。再加上"创作木刻"提倡版画家个人独立创作,就使得一些人认为,只要是刻在木板上印出来的作品就是"创作木刻",所以这在某种程度上导致木刻版画的创作被误解为一种个人能够轻易而为的行为,

表 5-1 《朝花》期刊上的木刻版面作品

序号	刊期	出版日期	题目	作者	国籍
1	第 2 期	1928.12.13	犁耕	Mabel Annesley	英国
2	第 3 期	1928.12.20	休息	Gesftrey Eyles	英国
3	第 5 期	1929.1.3	"The Princess" 木刻二幅	Vivien Gribble	英国
4	第 7 期	1929.1.17	"Recreation" 的书头装饰	Robert Gibbings	不详
5	第 9 期	1929.2.28	鸥唱	蕗谷虹儿	日本
6	第 11 期	1929.3.14	老屋	E.M.OR.Dickey	不详
7	第 14 期	1929.4.4	飞沫	蕗谷虹儿	日本
8	第 16 期	1929.4.18	捞网	司蒂芬·蓬	不详
9	第 17 期	1929.4.25	希望(胶版画)	R.A.Wilson	英国
10	第 19 期	1929.5.9	"Tess of the d,Urbervilles" 插图	Vivien Gribble	英国

图 5-2 鸥唱　　　　　　　　图 5-3 《德伯家的苔丝》插画

导致了木刻版画作品越来越粗糙，以致被轻视。后来，只有少数有信念的版画家认为"版画是刻、画、印有机地联系在一起的艺术，同时版画是可以自由组装、结合的极富表现力的艺术，一刀、一线都贯彻了作者的创见、热情和气魄"（杜大恺，石玉翎，2005）。在《朝花》当中，无论是封面、插图还是诗歌配图，无不蕴含着木刻创作者们饱满的热情，彰显着他们深厚的功底，足以引起国人对木刻版画艺术的重视。总之，《朝花》期刊第一次正式把外国木刻版画介绍到中国，而且引进了一大批国外优秀的木刻版画作品，让人们对"创作木刻"有了一些新的认识与理解，同时也对恢复木刻版画的创作性，为木刻版画艺术真正地纳入现代绘画艺术作出贡献（郭伶俐，2016）。

截至 1929 年 5 月 16 日，《朝花》周刊共出版了 20 期。20 期周刊共发表 87 篇文章，其中柔石创作 11 篇、翻译 2 篇，发表文章占比约为 15%。为进一步扩大版面，柔石经与鲁迅商量，决定在第 20 期后扩充内容，改为《朝花》旬刊。在第 20 期，柔石还写了一篇《编辑后记》：

小小的《朝花》虽然也出到二十期了。这对于我们——栽培这小花者自然有不可言喻的欣喜；爱护这小花者也许有和我们同感的吧？

《朝花周刊》自本期以后改为旬刊了。页数、字数比周刊增加一倍，内容也当尽力所能使之更为充实。

为读者便利起见，特编印《朝花周刊》自第一期至二十期总目一份，另行附入本期，作一个小小的结束。至于历来错误的地方则只好到汇订时印正误表了。

透过这篇《编辑后记》，我们可以看到柔石对编辑杂志的钟爱和对编辑事业的赤诚。

《朝花旬刊》自1929年6月起出版。《朝花旬刊》32开本，逢每月1日、11日、21日出版，每期大体刊载木刻插画、论文、小说、诗歌，大多是翻译东欧和北欧各国的进步文学作品，也发表本刊作者创作的作品。1929年9月21日出至第12期后停刊。《朝花旬刊》创办了12期，共发表文章46篇，其中柔石创作6篇、翻译3篇，发表文章占比约为20%。

《朝花旬刊》加上封面图共刊登有10幅木刻版画作品，除了第6期和第8期、第9期没有刊载外，其余每期都刊载一幅木刻版画作品，以发表时间的

表5-2 《朝花旬刊》的木刻版画作品

序号	期刊	出版日期	题目	作者	国籍
1	第1期	1929.6.1	北大西洋	Stephen Bone	英国
2	第2期	1929.6.11	女孩的头	Annie Bergman	瑞典
3	第3期	1929.6.21	岛上插画	约瑟·凯沛克	捷克
4	第4期	1929.7.1	"Uzerche"	Paulemile Pissarro	法国
5	第5期	1929.7.11	D字装饰画	Olaf Willums	挪威
6	第7期	1929.8.1	"十日记"插画	迪绥尔多黎	意大利
7	第10期	1929.9.1	头	E.R.Brews	英国
8	第11期	1929.9.11	到Bishopton的路	Jain Macnab	不详
9	第12期	1929.9.21	恶魔	永濑义郎	日本

先后顺序排列如下(表5-2)。作品多以具体形象作为刻画对象,从小处入手,描述的对象较为详细、具体,力求还原实物。这类作品有《朝花旬刊》的封面图、《D字装饰画》《头》《女孩的头》等(郭伶俐,2016)。

1929年9月,《旬刊》杂志因经济上的原因停刊。朝花社的设立,并不是由王方仁提议的,朝花社的倒闭,却是由他一手造成的,这与他的家庭背景大有关系的。鲁迅后来在回忆柔石时写道:"我有时谈到人会怎样的骗人,怎样的卖友,怎样的吮血,他就前额亮晶晶的,惊疑地圆睁了近视的眼睛,抗议道,会这样的么?——不至于此罢?……"等到朝花社倒闭,"后来他对于我那'人心惟危'说的怀疑减少了,有时也叹息道,'真会这样的么?……'"柔石在朝花社倒闭后的第二个月,即1930年2月,写过一篇题为《个人主义与流氓本相》的文章,其中讲到:"在中国竟有许多青年,平静时则幌着他个人主义的行动的红顶子,一到有变故,就舍身而现出流氓的本相了。以自我为一切的标准,确定了这两者底运命;以私利为存活的方法,就连接着这两者底行动了(强英良,2002)。据统计,仅仅存在了1年多一点时间的朝花社,出版了以下期刊和丛书:杂志两种,计32期;画刊一种,计4辑;翻译小说集一种,计2集;小丛书一种,1本。书刊几项相加,共计五种39本。如果以一年的整数时间算,朝花社在存在期内,平均每个月出版的书刊有三种还多,这不包括已预告即出或将出的书刊。四五人组成的朝花社,崔真吾在复旦大学附属实验中学当教员;王方仁常在外面跑,甚至还回老家修建宗祠。也就是说,朝花社的事务,除了鲁迅负责总体规划设计及参与一些编审和外,其他编辑出版工作基本由柔石一人承担。"在短短的一年当中,做出了如此辉煌的工作,朝花社如能正常发展,那么,在旧中国的出版界将会是如何壮观的气象"(强英良,2002)。《朝花》的凋零,虽令人遗憾,但它在中国现代文学史和美术发展史上闪耀的光芒,却永远和鲁迅、柔石的英名同在。

《朝花》的艺术,是社会的艺术、人生的艺术、启蒙的艺术。在这个并不抢眼的小刊物里能够找寻到较多的艺术素养,是新文学业已形成的传统、读者期待、社会心理等诸要素综合作用的结果。虽然《朝花》并没有发起和承担文学论争,也没有形成"轰动效应",但它在短短的时间里贡献给中国现代文学和社会的启蒙思考和基于此上的艺术应是弥足珍贵的。

三、上海时期的《语丝》编辑者

《语丝》是继"五四"《新青年》之后最重要、影响最大的刊物。它是中国现代文学史上第一家以发表散文为主的文学刊物。《语丝》创办于1924年11月,前后历时5年,共出版260期,共发表文章2000余篇、400多万字。从严格意义上讲,《语丝》是一本启蒙知识分子的同人刊物,它的读者对象定位于知识分子、新文学青年,同时北京大学师生是其最大的读者群。《语丝》的主要撰稿人,如孙伏园、鲁迅、周作人、李小峰、钱玄同、顾颉刚、章川岛、林语堂、江绍原等都是著名的新型知识分子。他们筹办《语丝》的目的是"提倡自由思想,独立判断,和美的生活",体现了知识分子的独立精神和对真理的追求,在一定程度上这也是新文化运动的继续。《语丝》在周氏兄弟的努力下,形成了自己独特的期刊内容及风格。《语丝》杂志分为两段时期:一是北京时期,周作人实际行使主编职责,他和鲁迅是《语丝》的灵魂与核心人物;二是上海时期,分别由鲁迅、柔石、李小峰担任《语丝》主编,这两个阶段代表了杂志不同的编辑风格及内容。1927年10月,《语丝》周刊出版至154期时,因屡次批评奉系军阀,北新书局和《语丝》先后被奉系张作霖查封,已经编好的155、156期杂志只能迁往上海出版;12月,《语丝》复刊发行。鲁迅作为《语丝》上海时期的主要编辑,他的编辑思想对尚处生存危机中的《语丝》影响很大。南迁以后,《语丝》存在的社会环境和同人内部发生了巨大改变。鲁迅在维持北京时期的编辑思想的同时,也按照自己的编辑思想对《语丝》进行了改革,积极倡导"社会批评""文明批评"。

一般认为，同人书局对于刊物的具体编辑事务不得干涉，这一原则在北京时期得到很好的贯彻，因此北新书局也被视为"五四运动后期带点同人性质的新型出版社"（萧乾，1991）。1928 年 9 月 19 日，鲁迅（2005）在给章廷谦的信中说："北新校对，是极不可靠的，观《语丝》错字脱字之多可见，我曾加以注意，无效。……北新办事，似愈加没有头绪了……"更令鲁迅感到失望的是，北新书局在出版方向上逐渐退出新文艺领域，而转向出版不与现实政治相抵触的中小学校的教科书及参考书。正是由于李小峰出版立场的改变，作为同人刊物的《语丝》则不得不考虑市场的影响（张积玉，赵林，2008）。

1929 年 1 月 11 日，柔石正忙于《朝花》周刊第 6 期的出版发行事务，鲁迅忽然问他："明年（指过了旧历年）想让你代我为北新书局编《语丝》可不可以？如果你同意了，我会同李小峰说好，你每月可以从北新拿到 40 元编辑费，今后可以安心多做点文学上的工作。"柔石一向很尊重鲁迅，虽觉得有点突然，但还是答应了，只是心里未免有些忐忑，觉得自己恐不能胜任《语丝》主编工作。鲁迅之所以想让柔石接替他，一来是因为与北新的李小峰在办刊理念上有较大分歧，二来则是对柔石的欣赏和关爱。过了一周，鲁迅就把 21 封投稿交给柔石阅读处理了。柔石在 1 月 17 日的日记中这样写道：

人是由"机会"造成的。我很这样想当此刻读完各处来《语丝》投稿的 21 封信以后。四个月以前我还不敢做将我的短篇小说寄到《语丝》里来发表的尝试我唯恐失败了。虽则我那时很想卖一篇文来过活。现在却由我的手来选择里面的揭登作品：这不是机会给我的么？我决意将一班来稿仔细地读过凡可以登出的我都愿给他们投稿者一个满足的希望。尤其是诗与小说。多几张篇幅读者也总不会说"太厚了一点的样子呢"的么。

3月11日，《语丝》第五卷第1期于上海发行，作为这一期杂志编辑的柔石年仅27岁，可谓是少年意气风发。当时他的成名作《二月》尚未完成发表，与鲁迅的结缘也只有短短的三个月。就是这样一位默默无闻的年轻人，此刻却担任由当时文坛领袖周作人和鲁迅主持的刊物主编，可想而知这个过程让柔石感受到巨大兴奋。

柔石出任《语丝》主编之后，有意改变杂志原来那种"任意而谈，无所顾忌"的批评风格，采用的稿件尤以"诗和小说"为重（柔石，1986）。这种改变使《语丝》成为偏重文艺创作的文学期刊，尽可能地多登载诗歌，希望"诗的命运，将来还有翻身的日子"。同时，柔石（1929）亦表达了"以后当细心校对"，杜绝错漏，力求"准期出版"的办刊愿望。《语丝》第5卷《语丝》共出版52期，其中第1~26期杂志为柔石所编辑。因为过去的语丝社"旧人"已经很少给周刊寄稿了，柔石对稿件的选取的权力相应变得更大，这就使得第5卷第1~26期的《语丝》带上了较为强烈的柔石的个人色彩。总的来说，是刊物的"文学性"进一步增强了，当然这其实也是不得已而为之的事。在全部文章中，文学作品占了相当的篇幅。柔石在接手编辑刊物时就说："我决意将一班来稿，仔细读过，凡可以登出的，我都愿给他们投稿者一个满足的希望。尤其是诗与小说。"现在的情形似乎正实现了他当初的设想。柔石在这一期杂志的《编辑后记》中说："据书店老板说，近来诗集的销行颇坏。实际上诗集的刊行，也更见其少了。可是在语丝的投稿诸君的作品里，却以诗为最多。因此，可知诗的运命，将来还有翻身的日子的。可惜本刊篇幅少，不能多多登载，这对于投稿诗的先生们，抱歉得很！"这也可见柔石对诗及小说类的文学作品的特别关注。

由于《语丝》社"旧人"的疏远，柔石在编辑刊物时有了更多的"自由发挥"的余地，他所编的26期《语丝》也确实刻下了他个人的烙印。柔石编辑的《语丝》当然也并不是一份"全新"的刊物，作为一份名声显赫的老牌杂志，它过去的宗旨、风格及编辑思路肯定会对柔石产生影响和制约。

这当中除了惯性的延续，柔石对鲁迅的敬重也是一个重要的影响因素。

8月，鲁迅因为版税和北新书局产生纠纷，想通过法律的手段解决问题，与他关系非常密切的柔石当然是知道这件事的。在这场"版税风波"中起重要作用的是当时正办春潮书局的张友松，柔石没有直接参与其事，但那段时间鲁迅为准备打官司四处奔波，柔石却是常常陪着他。鲁迅与北新书局的关系到了要诉诸公堂的地步，心中对鲁迅怀着敬意的柔石，当然不再愿意继续为北新书局的老板李小峰编辑《语丝》了。柔石辞职之后，《语丝》第5卷第27期至第52期由李小峰亲自编辑，1930年3月10日《语丝》自行停刊。

第三节　　在文学作品中建构个性精神

1929年是柔石创作和翻译成果最为丰硕的一年。他创作了短篇小说20篇、散文随笔3篇、独幕剧2部、诗歌3首，翻译了作品17篇，共计约30万字，分别发表在《朝花》周刊、《语丝》《朝花》旬刊、《奔流》《春潮》等刊物上。

一、对旧时代的诅咒与控诉：《旧时代之死》

1929年10月，柔石发愤而作的长篇小说《旧时代之死》，经过鲁迅先生的审读、自己的多次修改，终于由上海北新书店出版了。这部小说分上下两册，上册为《未成功的破坏》、下册《为冷冰冰的接吻》。小说封面上画着一垛古老的城堞，城堞上空悬挂着一轮黯淡的月亮，它象征着旧时代像重城和黑夜一样压在人们的头上。关于这部小说的写作经过，柔石在这部小说的自序里表达了创作背景和动机：

那时正是段祺瑞在天安门前大屠杀北京学生的时候，我滞留在上海。那时内心的一腔愤懑，真恨得无处可发泄。加之同住在上海的几位朋友，多半失着业，叫着苦；虽则我们有时也喝两三杯酒，或打三四圈牌，可是在喝酒打牌的时候，朋友们却常引颈地长叹一声，从下意识中流露出一种人生的苦闷的痕迹来！欢乐时的悲哀是人生真的悲哀，何况我们都是青年，不该有悲哀来冲洗的时代！

因此，我就收拾青年们所失落的生命的遗恨，结构成这部小说。……

上面已经说过，这部小说我是意识地野心地拾掇青年苦闷与呼号，凑合青年的贫穷与愤恨，我想表现着"时代病"的传染与紧张。

《旧时代之死》以大革命前这一历史时期为背景，刻画青年知识分子朱胜瑀远离家乡、寄居上海，看不到前景而悲观失望的病态心理。这是在压抑的时代下找不到出路的知识分子罹患"时代病"的典型特征。他反抗封建封建婚姻制度拒绝了谢家姑娘，但是反而导致了她的自杀，自责的他也选择了死亡，与谢家姑娘合葬作为对封建伦理道德的永久逃避。他和谢家姑娘，从精神到肉体都沦为被封建势力摧残的旧时代的牺牲品。

《旧时代之死》是柔石唯一的一部长篇小说，他在小说中对朱胜瑀的同情，有来自与生俱来的善良，但是他也未能开出解决时代病的"药方"，因而思想底蕴挖掘得不够深刻。诚如他在小说中分析的那样："一种旧的力压迫他，欺侮他，一种新的力又诱惑他，招呼他。他对于旧的力不能反抗，对于新的力又不能接近，他只在愤恨和幻想中，将蜕化了他的人生；在贫困和颓废中流尽了他一生之泪，他多么痛苦。"

二、革命主题下的人道主义写作：《二月》

柔石的中篇小说《二月》，是他以知识分子为题材的作品中最为成功的一部。他在作品中塑造的主人公萧涧秋，跑过中国的大部分疆土，来到江南一隅——如世外桃源般的芙蓉镇。萧涧秋在芙蓉镇遇见了丈夫为革命捐躯、带着孩子挣扎在死亡线上的寡妇文嫂。他向革命者遗孀伸出了同情的援手，却遭到流言蜚语的攻击。萧涧秋同时受到热情爽朗的女青年陶岚的追求而坠入情网，又不断招来"镇里最富有人家"的"新式公子们"的讽刺、中伤和恐吓，使他无法在芙蓉镇立足容身。小说的结局是，文嫂自杀而亡，萧涧秋远走他乡。

《二月》被鲁迅称之为"优秀之作"，鲁迅在《朝花》旬刊上发表了为这部小说所写的序文《柔石作品〈二月〉小引》。他热忱地向读者介绍和推荐了《二月》，有力地提高了这部小说的传播力和文学地位。他在序文里对萧涧秋这个人物形象的评析入木三分，"他极想有为，怀着热爱，而有所顾惜，过于矜持，终于连安住之处也不可得。他其实并不能成为一个小齿轮，跟着大齿轮转动，他仅是外来的一粒石子，所以轧了几下，发几声响，便被挤到女佛山——上海去了。他幸而还坚硬，没有变成润泽齿轮的油"。芙蓉镇对于萧涧秋而言，或许只是探索人生心路历程中的最后一个驿站，是他步入革命道路的序曲。他的思想品格将随着政治生活条件的改变而发生飞跃。一位品格高尚"坚硬"的人，一旦找到了正确的革命道路，必将是坚贞不屈的忠实的战士，而不是动摇彷徨的迷茫者。萧涧秋这个人物形象，具有高度的生活真实性，这不仅说明柔石在创作的艺术水平上的成熟，也可见柔石在鲁迅的指导和影响下，从迷茫走向清晰，更加坚定了革命道路的选择。

中国前期左翼文学创作以崇尚和宣扬暴力革命为主，作家们通常用激越的文字塑造突进的英雄形象，用充满浪漫的故事礼赞血与火的斗争，如蒋光慈的《短裤党》等。《二月》则完整地体现了柔石这种努力避免大喊大叫、尽量用客观的手法，去描绘现实并把他对人的关注自然地糅合进去。这部小说并没有正面描写如火如荼的革命斗争，而是把目光聚焦到宁静的江南小镇，在芙蓉镇上展开了一场属于思想和情感的大碰撞（吴秀明，戴燕，2003）。萧涧秋实施的同情与关怀是建立在人道主义之上的，是对无差别的人的美好天性和生存权力的尊重，无功利性是其突出的特点。而柔石并没有仅仅局限于对人道主义的颂扬，文嫂及其孩子的悲惨结局从另一角度诠释了对人道主义的理解。因此，他认为萧涧秋们必须重新振作起来，五四运动已经退潮，新的一轮革命斗争正在酝酿，时代斗争的形式早已经不是简单的人道主义可以解决的了。这就是柔石在革命主题下提出的对人道主义的新诠释，他将五四时期"人的文学"与左联时期"革命文学"有机结合，并在一定程度上实现了对两种文学的超越。

三、现实主义艺术创作的杰出华章：《为奴隶的母亲》

短篇小说《为奴隶的母亲》和《二月》一样，奠定了柔石在中国现代文学史地位。如果说《二月》是柔石书写旧时代知识分子的成功之作，那么《为奴隶的母亲》则是他书写旧中国农村劳动妇女悲惨命运的最具艺术魅力的作品。就作品内在思想的丰沛和震撼力而言，《为奴隶的母亲》无疑是柔石所有作品中最杰出的华章。

诚如鲁迅在《且介亭杂文·病后杂谈之余》中所言，"自有历史以来，中国人是一向被同族和异族屠戮，奴隶，敲掠，刑辱，压迫下来的，非人类所能忍受的楚毒，也都身受过，每一考查，真教人觉得不像活在人间"。典妻，是封面制度压迫妇女的恶习，在旧中国是时有发生的现象。在柔石的家乡宁海，这种现象也司空见惯，在少年柔石心中留下深刻的印象。在他到达上海一年半后，特别是在鲁迅先生的影响下，随着思想境界的提高和创造态度的转变，当年那位宗族中被"典"的婶婶的悲惨故事又涌上心头。他以此为素材，精心创作了这部短篇。柔石笔下的春宝娘，正是经受着如鲁迅所说的"非人类所能忍受的楚毒"的、不断咀嚼着悲苦的农村妇女典型。

《为奴隶的母亲》于1930年3月1日发表在《萌芽》月刊第1卷第3期，在上海文坛引起了很好的反响。这部短篇创作的成功，标志着柔石在现实主义艺术创作道路上达到了相当高的水准，蒋光慈将它编入了《现代中国作家选集》，因此柔石是带着文艺创造的美誉参与到左联中的，并担任了左联的编辑部主任。史沫特莱在与伊罗生合编的《中国论坛》中对这部小说进行了译载；国际革命作家联盟的机关刊物《国际文学》在柔石牺牲后不久，也以多种文字进行译载。后来，伦敦劳伦斯·威沙特公司国际出版社辑入《中国短篇小说集》出版，其中就收录了史沫特莱所编译的版本。据当时在莫斯科担任中国左翼作家联盟常驻代表、《国际文学》中文版主编萧三回忆，诺贝尔文学奖获得者、法国革命作家、罗曼·罗兰当时阅读了柔石的这部短篇后，曾致电《国际文学》编辑部说"这篇故事使我深深地感动"。1933年初，鲁迅也曾在回答斯诺提出的"最好的左联作家是谁"的问题时，把柔石列在与茅盾、紫叶、艾芜、沙汀、周文、郭沫若、田军（萧军）、张天翼等九人名单之中，这自然与《为奴隶的母亲》的成就不无关系。1936年，斯诺在伦敦出版的《活的中国——先带你中国短篇小说选》，《为奴隶的母亲》作为鲁迅之外的第二部分的首篇。1941年起，《为奴隶的母亲》的译作，在香港和内地多次以英汉对照版本出版（王艾村，2002）。

知识分子和下层民众尤其是农村妇女形象，是柔石小说创作中的两类重要人物形象。柔石通常将他们纳入到革命的背景下，以更广阔的视野、更理性的分析并赋予新的生命力，这使得他的作品在一定程度上避免了左翼文学在人物塑造上类型化与脸谱化。他在作品中并没有正面书写革命英雄，他的这种克制和回避，正好体现了他的勇气和智慧，体现了他作为一名作家的自我评估和对艺术精神的尊重（吴秀明，戴燕，2003）。

第四节　编辑"左联"机关刊物《萌芽》月刊

一、中国左翼作家联盟成立

1928年起，关于"革命文学"问题的论争不断，创造社、太阳社和鲁迅之间的关系剑拔弩张。党中央从1929年开始过问文学工作，要求停止关于"革命文学"问题的论争，将创造社、太阳社等参与论争的文学团体及个人联合起来；同时，要求各方正确认识鲁迅、团结鲁迅，筹备建立起以鲁迅为首的左翼文艺作家统一联合的团体"中国左翼作家联盟"。

1930年2月26日，柔石和冯雪峰陪同鲁迅参加了上海新文学运动者的讨论会，这也是为成立左联而召开的又一次筹备会。会议成立了中国左翼作家联盟筹备委员会，鲁迅在会上作了"大家联合起来，共同对敌，为推进我国革命文化、革命文艺努力奋斗"的讲话。而早在1月1日，柔石协助冯雪峰和鲁迅编辑的《萌芽》月刊创刊，《萌芽》由光华书局发行，编辑者署名萌芽社。杂志封面由鲁迅亲自设计，"萌芽月刊"四个大字占据了大部分封面，除了刊号和日期再无赘述，简洁大方而又格外醒目。上海新文学运动者的讨论会情况刊登在3月1日出版的《萌芽》月刊第一卷第3期上。3月2日，"中国左翼作家联盟"（左联）成立大会在中华艺术大学秘密召开，鲁迅发表了《对于左翼作家联盟的意见》的重要讲话，柔石当选为执行委员、常务委员和编辑部主任。

二、作为左联机关刊物的《萌芽》

按鲁迅的意思，"无产阶级革命文字，在现在，正是荒野中的萌芽"，《萌芽》月刊很自然地成为"左联"的机关刊物。《萌芽》从第一卷第3期开始，柔石担任编辑部主任。《萌芽》月刊存在的时间虽然十分短暂，但它在"左联"时期出版的刊物中是影响较大的一种。《萌芽》的办刊宗旨，首期的"编辑附记"中写道：关于这小小的定期刊物，怎样产生，带着什么使命，是实在没有什么冠冕堂皇的话，可对读者诸君说的；这不过是，有几个著译者有所著译，或者想有所著译，"萌芽"便定为他们发表著译的地方之一，如此而已。所以在这里，便只将内容——"萌芽"想登载些什么东西——方面，大体地附记几句。"萌芽"是杂志，在内容方面不能不"杂"。同时又不得不受种种的限制——除出现今状况的束缚，不能言所欲言，译所欲译的以外，还有同人等——著译者们自身的限制，就是人手不多，能力薄弱，又因为出身的社会层和生活的关系，无论思想或见闻或技能都不得不偏限于一方。

柔石担任编辑部主任后，工作任务加重了，活动范围和朋友圈子也不断扩大。为了约稿、选稿、改稿、定稿，经常奔波在作者、编辑和主编之间，同时还要接待作者、研讨作品、操办编务，等等，非常繁忙。除了辛苦，还有潜在的危险性。曾经协助柔石做过《萌芽》出版工作的林淡秋后来回忆道："在白色恐怖的威胁下，参加这类十分平凡的活动，我都有点像在刀尖上擦痒似的不平凡的危险感。"5月20日，柔石参加了秘密召开的"全国苏维埃区域代表大会"，这是党中央和全国总工会发起的为明年举行第一次全国工农兵贫民苏维埃大会，成立中华苏维埃共和国临时中央政府所筹备的第一次预备性质的会议。当他在会议中听到来自各苏维埃区域的红军、赤卫队和工农代表的发言，非常惊喜、振奋，仿佛来到了一个崭新的世界。他在日记里写道："有一个从湖南来的青年农民，年纪不满15岁，在会上发言有条有理，分析问题透彻深入，对国内外目前形势了如指掌，我们深受高等教育、自命为进步作家的，与这位青少年一对比，真是无地自容，惭愧之至。"参会的代表们对《萌芽》月刊表示欢迎，并殷切期望左翼文化运动和上海的革命形势有迅猛的发展。这使柔石得到了很大的鼓舞（王艾村，2002）。

《萌芽》作为"左联"的机关刊物，积极提倡和发展无产阶级革命文学、文学为工农大众服务、推行文艺大众化，传播马克思主义文艺理论。目的是吸引广大民众的支持，为无产阶级革命。《萌芽》月刊的作者大多为"左联"的重要骨干，思想较为激进，创作体裁多样，但精神内容上大多反映工人农民的悲苦生活，表现他们的觉醒和斗争。如魏金枝的《奶妈》《焦大哥》，殷夫的《监房的一夜》《小母亲》《前进吧，中国》，柔石的《为奴隶的母亲》，张天翼的《报复》《从空虚到充实》等。"社会杂观"是《萌芽》月刊的一个重要栏目，是迅速反映社会现实，进行思想斗争的阵地，尤以鲁迅的《新月社批评家的任务》《流氓的变迁》《书籍和财色》《"丧家的"资本家的乏走狗》等最有影响。在翻译方面，《萌芽》月刊主要介绍无产阶级文艺理论和文学作品，如苏联作家法捷耶夫的小说《毁灭》，日本岩崎昶的论文《现代电影与有产阶级》等。

《萌芽》刊载的文章体裁十分丰富，尤其注重刊载"革命性"意味很浓的"新文艺"作品。小说方面有魏金枝的《奶妈》（第1期）、《焦大哥》（第5期），张天翼的《报复》（第1期）、《从空虚到充实》（第2期）、《搬家后》（第5期），柔石的《为奴隶的母亲》（第3期），楼适夷的《狱守老邦》（第3期），白莽的《小母亲》（第4期），龚冰庐的《春瘟》（第4期），等等。其中影响最大的是柔石的《为奴隶的母亲》。

《萌芽》成为"左联"机关刊物后，发表"扩充篇幅及确定今后内容启事"。《萌芽》特别注重介绍无产阶级文艺理论、无产阶级文学作品和各种社会评论，逐渐形成综合性刊物，政治和文化色彩都比较浓厚。第3期为"三月纪念号"，纪念马克思和巴黎公社，发表了介绍马克思主义文艺理论和批评梁实秋的文章，报道了"左联"的筹备情况；第4期发表了鲁迅《对于左翼作家联盟的意见》等重要文章，报道了左翼作家联盟成立的消息；第5期为"五月各节纪念号"，纪念"五一劳动节"和"五卅运动"。国民党反动派很快便禁止《萌芽》的出版，于是《萌芽》第六期改名为《新地》

印行，仅出一期又立即被停刊。《萌芽》对无产阶级革命文学运动的发展起了很大的作用，也是研究"左联"历史的宝贵资料。《萌芽》同时还刊载具有文论史意义的文艺评论。如，冯乃超在《人类的与阶级的——给向培良先生的〈人类的艺术〉的意见》（第2期），鲁迅在《"硬译"与"文学的阶级性"》（第3期），成文英在《讽刺文学与社会改革》、侍桁在《关于"看货色"的问题》（第5期）。

《萌芽》非常注重对外国文艺作家、作品、理论的翻译和介绍。主要介绍的外国作家有M. 高尔基（MaximGorky）、A. 法捷耶夫（AlexanderFadeev）、I. F. 革拉特科夫（FedorGladkov）、V. 弗里契（V. M. Friche）、契诃夫等，基本上都是俄苏作家。国外文艺作品方面主要是小说的翻译，如鲁迅重译了A. 法捷耶夫的《溃灭》（从《萌芽》连载到《新地》），蓬子翻译了AvetisAharonian的《夜巡兵》（第1期）、洛扬译介了藏原惟人的《法兑耶夫底小说（溃灭）》（第2期）等；国外社会科学、文艺理论的译介方面有：冯雪峰译V. 弗里契的《艺术社会学之任务及诸问题》（第1、2期），洛扬译FranzDiederieh的《艺术形成之社会的前提条件》（第1期），鲁迅译日本岩崎昶的《现代电影与有产阶级》（第3期），等等。

《萌芽》设立"社会杂观"和"文艺杂观"栏目，其中"杂感"极具特色，文笔犀利，经常撰稿者有：鲁迅、连柱、潦西、学濂、致平、开时、成文英、穆如、黄棘（鲁迅）、柔石、开明、力次、圭本、刘刺和思德等。杂感分为两类：一是对国内文艺、文化现象的解剖和研究，尤以对"新月社"胡适、梁实秋等人及其观点的批驳最为突出。鲁迅指出：新月社批评家的"嘲骂"和"不满"是超然于嘲骂和不满的罪恶之外的（《新月社批评家的任务》），梁实秋主张"好政府主义"其实是为了指摘"共产主义"（《"好政府主义"》）。二是对社会各类现象的剖析。如，鲁迅指出，古人是"书中自有黄金屋"，现在买书赠送画片是"书中自有颜如玉"（《书籍和财色》）；体质和精神都已经硬化了的国民，对于极小的一点改革，也无不加以阻挠，表面上好像怕于己不方便，其实是怕于己不利，但所设的口实，却往往见得极其公正而且堂皇（《习惯与改革》）；有的"论客"，貌似彻底的革命者，其实是极不革命或有害革命的个人主义者（《非革命的急进革命论者》）。"杂感"是《萌芽》上的作者们积极介入社会政治的主要方式，其形式和风格对后来左翼文艺创作产生了积极的影响，伴随着这种文体的逐渐成熟，它在30年代左翼文学中的作用也越来越突出。

三、"中国失去了很好的青年"

　　左联成立后，政治斗争形势日趋严峻。1930年11月11日，当时的上海市市长张群为严密侦查自由大同盟、左联、社联等革命群众团体"并严缉其首要分子究办一案"，再次签署了致国民政府文官处的密函，并指使他的下属，会同公共租界的"三道头"，蠢蠢欲动。

　　柔石为了寻找一个合适的社会身份以掩护自己从事党的文艺工作，拜托王育和与同乡林达青——明日书店老板商定，帮他们出版一种文艺杂志，担任该杂志的编辑。1931年1月16日晚上，因明日书店将出版鲁迅的译著，托柔石向鲁迅咨询做税问题，鲁迅将自己之前先与北新书局所订的合同，抄了一份给他。他将合同往口袋一塞，匆匆和鲁迅告别。谁也没有想到，这竟然是两位亲密的师生和战友的最后一面。后来，鲁迅无限伤感地回忆这一幕说："不料这一去，竟就是我和他相见的末一回，竟就是我们的永诀。"

　　17日，由于叛徒告密，柔石、冯铿、殷夫等35人被捕。23日，柔石等被关进龙华监狱。他的脚上被钉上重达18斤的"半步镣"，他和上海总工会青工部部长、江苏省团委委员杨国华（欧阳立安）同囚一室。24日，柔石通过送饭的狱卒给王育和一封转交冯雪峰的信：

雪兄：

　　我与三十五位同犯（七个女的），于昨日到龙华。并于昨夜上了镣，开政治犯从未上镣之纪录。此案累及太大，我一时恐难出狱，书店事望兄为我代之。现亦好，且跟殷夫兄学德文，此事可告大先生；望大先生勿念，我等未受刑，捕房和公安局，几次问大先生地址，但我哪里知道。诸望勿念。祝好！

赵少雄

一月二十四日

在这批同志被捕之后，党组织、互济会以及各人的家属，通过各种渠道，做过积极营救的努力。但是由于叛徒告密的内容非常具体、真实有力，导致营救没有效果。2月7日晚上，柔石与其他23位青年一起，被秘密枪决，他身中10弹。在寒冷的龙华监狱的刑场，烈士们的热血汩汩地流淌在这白色恐怖的时代。柔石与李伟森、胡也频、殷夫、冯铿合称"左联五烈士"。2月12日，党中央机关报《红旗日报》首次报道了这一惨烈事件，并发出"反对白色恐怖"的战斗号召。《上海报》《海光报》《群众日报》也都纷纷刊登消息和社论，肯定这些烈士都是无产阶级的先锋战士，预示他们的热血必将点燃更加炽烈的革命火焰。避居在花园庄公寓的鲁迅得知柔石等被害的消息，无限悲愤。他说不出话，也睡不着觉，在悲凉的月光下，痛惜"失掉了很好的朋友，中国失掉了很好的青年"，并写下七律悼诗：

惯于长夜过春时，挈妇将雏鬓有丝。
梦里依稀慈母泪，城头变幻大王旗。
忍看朋辈成新鬼，怒向刀丛觅小诗。
吟罢低眉无写处，月光如水照缁衣。

为了悼念死难的战友，揭露国民党反动派统治的卑劣无耻、黑夜杀人的罪恶行径，激励革命青年冲破笼罩在上海文艺界的白色恐怖，冯雪峰、楼适夷、应修人等在鲁迅的支持下，于 5 月上旬出版了《前哨》"纪念战死者专号"。鲁迅在"纪念战死者专号"上悲愤地写道："中国的无产阶级革命文学在今天和明天之交发生，在污蔑和压迫之中滋长，终于在最黑暗里，用我们同志的鲜血写了第一篇文章……中国无产阶级革命文学的历史的第一页，是同志的鲜血所记录，永远在显示敌人的卑劣的凶暴和启示我们不断的斗争。"之后，鲁迅又相继写了《为了忘却的记念》《柔石小传》等一系列文章，纪念这位情感细腻、意志坚定、才华出众的左翼青年作家。9 月，丁玲在左联公开出版的机关刊物《北斗》需要使用插图，寻求鲁迅的帮助。鲁迅选了曾为左联五烈士被害提出抗议的德国女版画家凯绥·珂勒惠支的作品《牺牲》——一位母亲悲哀地献出她的儿子，来作为对柔石的纪念（图 5-5）。这幅作品的寓意是，为了国家的光明前途，为了人民的幸福自由，中华大地上的千百万母亲，在这茫茫长夜里，正悲哀地、持续不断地献出他们的儿子——中国的好青年。

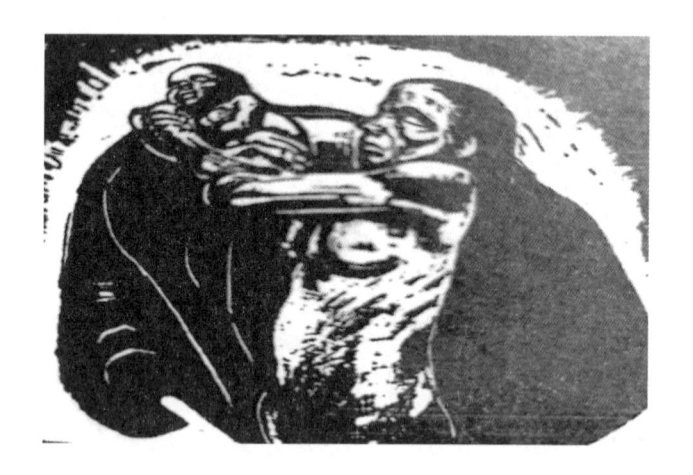

图 5-5 版画《牺牲》

"同志们，莫使二月七日那夜的柔石们的血空流吧！我们踏着他们开下的血路前进（梅孙，1931）！"一个柔石倒下了，更多个柔石站起来了。

第六章

巴人：文化论战的先锋

第一节　在宁波初涉出版

第二节　主持出版《鲁迅全集》

第三节　文艺副刊《爝火》《大家谈》的"鲁迅风"

第四节　"孤岛"时期主笔《申报·自由谈》

第五节　文学理论大厦的奠基与构建

巴人（1901—1972），原名王任叔，奉化大堰人。王家是这一带的名门望族，相传为王羲之的后人。巴人一生追求真理，创作与理论并重，著作等身。他曾用过160个笔名，巴人是其常用笔名。他在文学活动领域涉猎广泛，作为浙东文学家的一员，他不仅是文艺理论批评家，而且还是诗人、小说家、戏剧家，更是编辑家。巴人在年轻时期就在宁波出版诗集，被郑振铎称为"最初在中国唱挽歌的人"。在上海参加左翼文学的实践中，对文艺理论产生极大的兴趣，并负责编辑《译报》和主编《申报·自由谈》，积极投身上海的抗日救亡运动。上海沦陷后，坚守"孤岛"，通过编辑《鲁迅全集》表达对鲁迅先生的深切缅怀，并亲自撰写《鲁迅全集总目提要》，第一次全面系统地介绍鲁迅。他的对时事的讽刺亦庄亦谐，带有鲜明的鲁迅风杂文特色，在当时的上海被誉为"是鲁迅以下少数几位达到卓越成就的大家之一"（蒋天佐，2001）。中华人民共和国成立后，他担任了人民文学出版社社长。纵观巴人的一生，编辑出版实践并不占有最大的比重，却几乎贯穿始终，并影响着中国现代文学发展的进程。

第一节　在宁波初涉出版

一、"带着一身国耻以俱来"

1901年10月19日，巴人出生于奉化大堰村。那时正好是丧权辱国的"辛丑条约"签订后不久，因此巴人在后来的自传中说，"'天不仁兮降乱离，地不仁兮使我逢此时'。在我呢，真可谓带着一身国耻以俱来"。巴人的高祖王钫在明朝嘉靖年间曾任南京。南京工都尚书；祖父王开旦，系前清武举，但不曾外出做官。巴人家中房屋的门楣上依稀可辨"旌表尚书之门"六个大字，父辈中有两人考取秀才，巴人的父亲王景舒没有功名，他是个农民，但掌管着族中事务。

王景舒有着以身作则、吃苦耐劳、刚正不阿的品性，"家里有三间楼屋，种田约十七石（合十三亩多），有两片竹山，经常雇一个长工，一个'看牛'。父亲仅管理家务，兼理庙众账目，常为乡人和解纠纷；不参加主要劳动，有时与乡人合做竹木生意。"父爱对巴人而言，是严格而影响深远的。王景舒在文化上算个"半亮眼"，能背诵四书上的一些道理，却不会写一封通顺的信。他训诫儿女时，能引用几句先贤的话；也善讲《西游记》《三国演义》等明清小说故事，作为他的传统文化道德教育的素材。他为人严谨，"已臻于村中最高的缙绅之列了"，经常训诫巴人，要养成劳动的习惯。严格说来，巴人在父亲身边度过了童年和少年时代，几乎全部继承了其父的优秀品质，这也是巴人一生保持着爱劳动的习惯和铸就勤奋品格的重要影响因素。巴人不是职业的作家，但后来他的著作总量在一千万字以上，可谓门类齐全、著作等身，为现当代文学史所罕见。这与父亲的家教而养成的勤奋的品格不无关系。父亲给予巴人的另一个重要影响，则是方正、骨硬的性格特征，这在很大程度上铸就了巴人刚正不阿、不屈不挠的品格。

村里有位竹匠也给巴人幼小的心灵里播撒了侠义的种子。巴人唤竹匠为庆寿大伯，巴人经常去他那里帮助拉竹篾子，还跟着庆寿大伯学习编织竹篮子，巴人在 10 岁的时候就会独立编织竹篮子了。巴人还喜欢做木工、泥工等，还经常帮助村里人修修补补，比如修理灶台等，有"小互通"的美称，就是样样都会干的意思。庆寿大伯给巴人讲述宁海秀才王锡桐反洋教的故事，深深地感染着巴人。后来他才从他人处得知，庆寿大伯就是当年为王锡桐队伍做过灯笼的人。

二、创作新诗开启文学之路

1915 年，巴人考进浙江省立第四师范学校，学校设在宁波。他的二哥王仲隅是早期的中共党员，对巴人的爱护和指引功不可没。五四运动爆发后，巴人担任了宁波学生联合会秘书长，全身心投入革命的洪流之中，表现出强烈的社会变革意识。从第四师范学校毕业后，巴人在宁波城区的小学当老师，参加了宁波奉化籍青年组成的进步社会团体"剡社"，同时开始关注以鲁迅为主将的新文学运动。后经郑振铎介绍，巴人加入了著名的"文学研究会"。他在《晨报》上阅读了鲁迅的《阿Q正传》后，深受影响，决心不再写旧体诗，开始创作新诗《遣闷》，翻译弥尔顿、狄更生的诗品。1921 年，他在《文学旬刊》发表了第一部诗集《恶魔》；1922 年，在《文学旬刊》上发表诗评《对一个散文诗作者表一些敬意》，这通常被看作是巴人最早发表的文章；1923 年，宁波春风学社出版了他的第一部散文诗集《情诗》，当时宁波春风出。他的诗作受到郑振铎的称赞，说他与徐玉诺一样是"最初在中国唱挽歌的人"。

1922 年 5 月 30 日，郑振铎（1922）正在主编《文学旬刊》，他读了巴人 1921 年创作的诗集《恶魔》后，在《文学旬刊》上发表了给巴人的信：

任叔先生：

　　信和《恶魔》都拜读了，因为不知道你的通信地址，所以到了现在才在本刊上答复，很对不起。

　　任叔先生！我们虽不曾见面，但我却在《恶魔》中看见一个较见面过的更袒露更真切的一个你了。《恶魔》在艺术上的成就如何且不必要说，即在这一端——一个性的真实表现——已非现在一般作家所能及了。您的思想与玉诺——你前次所介绍的——甚相近。虽然是悲哀的呀，却是一个热烘烘的具有未冷却之心的人。

　　此集我必尽力为谋出版。现在且先在旬刊上陆续登出来。

　　……

　　俄国激进派的批评家杜勃罗留波夫说，"近代俄国的著名诗人，没有一个人不唱颂他自己的挽歌的"，只有真性情的人才能唱这挽歌。

　　我诚意地祝你和玉诺——最初在中国唱这挽歌的人健康！

西谛敬复，五·三十

　　巴人唱黑暗腐朽社会的挽歌，也唱自己的挽歌。前者是对黑暗现实的揭露、谴责和抨击。这些诗的音调，非常激愤和狂烈。比如稍晚些创作的《烘炉》，"天底下何处哟不是兽牢，天底下何人哟不是大盗，金银的火炉，把人心煎熬，资本的恶手，把劳工紧抓"。他早期的诗歌除了诅咒黑暗，也热烈地歌颂光明，号召人们起来同恶势力作斗争，表现了大无畏的战斗精神。1932 年 7 月，他在《新奉化》年刊第 1 期上发表了《告兄弟们》一诗，向"趋附利类、而争食而断送人命"的恶兽们、"搬弄那太阳不能发光"的天狗们发出了战斗，回荡着昂扬的战斗激情，表现出对斗争胜利的热望。后者则是唱自己、自己灵魂的挽歌，也是希冀在毁灭中新生。比如《从狭笼中逃出来的囚人》，期望"解放不羁的灵魂，趁此时飞越飞越飞越"（袁少杰，1994）。

三、清风拂过《文学》周刊

1924年，青年巴人又失业了，丢掉了奉化松林高小教务主任的饭碗。好在那时的他已在文坛上崭露头角，是著名的"文学研究会"的会员，已有多篇诗歌、小说和评论在郑振铎主编的《文学旬刊》、茅盾主编的《小说月报》上刊登。他寄居在二哥王仲隅那里从事阅读与写作，参与剡社和宁波知识青年文团体雪花社的活动。宁波《四明日报》的董事长孙表卿是巴人的奉化老乡，报社的一些编辑好多是剡社成员，于是巴人被邀请到《四明日报》工作。他到宁波后，先任《四明日报》的地方新闻编辑，不久又以雪花社文学组的名义主编副刊《文学》周刊。

《文学》周刊的前任主编是日月文学社的王玄冰，他在报纸上公开表明：除专力于文学上的创作、批评、翻译、整理几种工作以外，绝不及于外此各种问题，除研究文学联络同志外，绝不带其他色彩。巴人接任主编后，办刊方针带着明显的"文学研究会"的主张。他（王欣荣，1991）认为：第一，"创作选得严格些"，"礼拜六派的文艺这么兴盛，未始非是新文学刚刚胎生时，……对于一般文氓太宽容的缘故"；第二，"对于文学原理，多能介绍或论及"；第三，"对于翻译努力一下"。他的短篇小说《河豚子》也刊登在副刊上。巴人的编辑方针为当时颓废不振的宁波文坛，带来了一股清新的空气。

《河豚子》是巴人创作的短篇小说，可以说是我国最早的微型小说之一，这是他根据当时家乡奉化大堰附近一个小山村发生的真实故事改编而成。一户农民因缴不起租，全家吃河豚鱼自尽。巴人将这个活生生的事例拿来，加以巧妙的构思，将浙东农村的穷苦农民，那种"求生不能，求死不得"的困苦不堪写得淋漓尽致。故事情节是这样的：农民将一篮河豚鱼拿回家，饿得发慌的三个孩子见此欢欣雀跃，可这位农民"真使他心伤落泪，喘不过气来"。他不忍心见到全家被毒死的惨状,所以先暂时避开。等他返回家中时,却发现妻儿并没有死,因为他们一直在等待他回家一起共享美食。而锅里的河豚鱼已经煮得太久了,也失去了毒性,全家人都还活着,都得继续在这贫困饥饿的日子里煎熬下去。这部小说体现了巴人"为人生而艺术"的写作初衷,全文不到千字,却散发着善良女性的人性光芒,让人读了潸然泪下。

1925年巴人到奉化初中当教师。奉化初中由巴人的二哥王仲隅等左翼人士创办,为全县最高学府且作风民主。巴人在学校里担任"言文课时事教员兼教务系及出版科主任",负责学校校刊《锦溪》的编辑工作。《锦溪》为双旬刊,从11期起开始对外发售。刊物除了刊登一定篇幅的校内大事外,还发表学术文章,如巴人的《绅士与教育》《论独幕剧》《小说论》等,既有对文艺理论的探索,又有针砭时事的言论。

四、白马湖畔的《山雨》欲来

在白马湖畔的春晖中学,他与雪花社旧友张孟闻合编《山雨》半月刊,3月在上海出版发行。该刊以杂文为主要特色,提倡革命文学。他们在发刊词中写道(方凡人,1997):

《山雨》终于出版了,在此,我们不得不把我们的态度说明。

因为我们各人的思想、行动、个性,未必相同,所以我们很有一致的倾向。

但我们于没有一致的倾向中有一个一致的态度,就是我们欢喜说些诚实的自己的话。所谓诚实,无论他对自己思想的诚实,无论他对感情的诚实,我们都觉得是可贵。

……

为此,我们《山雨》一面欢迎刊登革命文学作品,一面也欢迎刊登那些小资产阶级的文学作品。革命文学之产生与提倡是必然的。唯一的理由,因为这是一个革命的时代。一定斤斤然以为革命是革命文学，两者不能连在一起，这是忘却了时代了。虽然这些话有跟着时代跑的嫌疑。但我们要知道在革命狂飙时代中，总有一个未来的社会雏形孕育着，革命文学家，能于其中看出意义来，于是所谓"艺术的武器"的话也可以成立了。

《山雨》第一卷第1期发表的作品分别有胡也频的《一群朋友》、巴人的《谁的罪》、郁达夫的《信来代替文章》。巴人和关系较为密切，胡也频在《山雨》上刊登了好几篇作品，其中他的戏剧集《捉挟鬼》、诗集《愿望》还署着山雨出版社出版。

《山雨》的刊物格式和风格明显受到了鲁迅、柔石等主编的《语丝》的影响，张孟闻还曾把《山雨》寄给鲁迅请教，并要求在《语丝》上发表他写给鲁迅的信。鲁迅答应了张孟闻的要求，同时发表了自己的回信，但张孟闻曲解了鲁迅的好意和正确观点，谤击鲁迅是"浅薄的读者"。而在鲁迅对此作出反批评之后，张孟闻打算再次在《山雨》上发表更为尖刻的文章，巴人制止了张孟闻的举动，并坚持压下文章不予刊发。巴人认为，我们都尊敬鲁迅先生，他是我们左派文艺工作者的领袖。可见，从那时起，巴人就已经具有拥戴、护卫鲁迅的自觉。

这段时间，巴人出版了《破屋》《殉》《死线上》《阿贵流浪记》等小说，为后来留学日本作了经济上的准备。他的这些乡土小说作品迄今仍具有艺术魅力，因此1928年的文坛将他称作"民间小说家"。《山雨》出版到第8、9合刊，因巴人东渡日本而停刊。

第二节　主持出版《鲁迅全集》

一、唤醒国魂的《鲁迅全集》

抗战时期，在"孤岛"上海的两年，是巴人回到党组织的怀抱后从事文学创作、编辑出版、统战工作等最繁忙、最出色的时期。他直接参与主持并主编中国第一套《鲁迅全集》20 卷，为保护民族最优秀的文化遗产、保存革命的火种，作出了卓越的贡献。

巴人当时是中共江苏省委文委的成员，受党的委派，他自始至终投入出版《鲁迅全集》的工作中，并为编校这本唤醒国魂的巨著具有金石之功。巴人从青年时代开始就崇仰、坚信鲁迅，尤其是毛泽东对鲁迅的评价话语时刻萦绕他的脑海（王欣荣，1991）：

鲁迅在中国的价值，据我看，要算是中国第一等圣人了。孔夫子是封建社会的圣人，鲁迅则是新中国的圣人。……他在黑暗与暴力中的进袭中，是一株独立支持的大树，不是向两旁偏倒的小草。他看清了政治的方向，就向着一个目标奋勇地斗争下去，决不中途投降妥协……他一点也不畏惧敌人对于他的威胁、利诱与残害，他一点也不避锋芒，把钢刀一样的笔刺向他所憎恨的一切。他往往是站在战士血痕中坚韧地反抗着，呼啸着前进！

鲁迅逝世后，许广平开始整理先生的遗著。上海沦陷，意味着这 600 万字的手稿很可能将毁于战火，为此，"孤岛"上的爱国文人们齐心协力，着手出版《鲁迅全集》，以保存中华民族的高贵精神财富。"扩大鲁迅精神的影响,以唤醒国魂,争取光明"的重大历史责任,落在了巴人等人的身上,巴人深知此事意义重大,必须竭尽全力去完成。"作为文艺战士,任叔是当之无愧的大将之才""像这样用笔战斗的忘我的猛士,在我所知的老作家中,除首推夏衍同志外,我看任叔是第二人了"(蒋天佐,1985)。巴人和许广平、郑振铎主持了编辑计划的起草。《鲁迅全集》的编辑计划是用鲁迅先生生前亲手编制的"三十年集"的编目,作为全集的基本框架。同时,他们将许广平从海内外搜集到的译文和其他各类文稿一并纳入出版计划,进行编排。后来,许广平在编后记中写道:"此项工作最为繁难,过薄则书式不一。几经煞费苦心,使成今日的排次,……此一工作,以郑振铎、王任叔两位先生用力最多"(王欣荣,1991)。对此,巴人在《鲁迅先生的艺术观》一文中也提到,"鲁迅先生所研究的范围和他研究所得到的成绩,是太广大,也太深奥了",全集的编辑者必须对鲁迅全部著作有总体的认识、理解和把握。许广平信任巴人,认为他能担此重任,这也足见巴人对鲁迅学习、研究之功力和水平。

二、呕心沥血编校出版《鲁迅全集》

《鲁迅全集》是以党领导下的"复社"的名义出版的。"复社"是胡愈之取的名,当时是为了出版斯诺的《红星照耀中国》一书而成立。这个出版社名称借明末江南爱国志士的"复社"之名,表达了复兴中华的深意。张宗麟担任复社的经理,地址设在胡愈之、胡仲持的家中,在英法租界交界处。复社利用"孤岛"的特殊条件,仅用了一个月就完成了《红星照耀中国》的翻译到出版的全过程,这为出版《鲁迅全集》奠定了基础,也树立了信心。

巴人非常谦虚,也是追求精益求精的。他(1938)曾说"我是仅一个校对员的资格都不够的,谈不到什么编辑。但居然咬着牙干下来。直到二十册的著作送到读者面前,我才喘口气;然而我又仿佛觉得这20巨册的著作压在我的背上，成为'负疚'的资料。我是想抗战胜利后，这工作得重来一次的"。其实对于校对，尤其是终校，巴人无疑是理想的人选。他有着深厚的理论基础，古文功底也扎实，再加上通晓日文，对鲁迅的语言风格不仅熟悉，而且还有一定的研究。

鲁迅先生在世时，巴人从未去过鲁迅家中，但在编辑《全集》时，他每天按时赶到许广平住所伏案工作，夫人王洛华也协助安排许广平家里的生活问题。巴人在半年左右的时间里，深入学习体会鲁迅生前编制的《三十年集》的精神和意图，整理各地陆续寄来的文章、资料等。发排后又倾尽全力、一丝不苟地校对全集的清样。这段时间，他除了编校全集，还有《译报·爝火》的主编工作，再加上还在其他报刊上发表了大量的宣传抗日、抨击汉奸社会评论和杂文等工作，可以想象，他的工作是极度紧张和超常的。和他一起参加全集编校工作的蒯斯曛在《回忆〈鲁迅全集〉的校对》一文中，对巴人紧张的工作状态，作了如下生动的描绘：

……是一个忙人，但他在全集的编校工作上负着相当大的责任，他虽然不是跟我们整天集中在一起工作，但所做的工作是最多的。单就校对方面说，他就是随身带着清样，有空就看，每天能来跟我们工作多久，就来多久，直到现在，我还能记得他急急忙忙钻进许家二楼的亭子间，马上坐在他的桌子前，拿出清样来就读的那个样子，我还能记得他有时突然放下清样，立起身来就走的那个样子。

那个阶段的巴人，一天的时间安排通常是这样的：先到报馆审阅、修改、编发稿件，之后到霞飞路的霞飞坊许广平那里编校全集稿件，他甚至在人力车上还校对过稿子；他还经常参加各种集会，晚间则伏案写作到深夜。他后来在《生活、思索与学习》的后记中说："环境要我发表意见的机会较多，我是尽我可能的力量来应付的。文字大半在夜间匆促草成；夺去我睡眠时间三分之一。为此我白了半头的发,耳鸣不断的起伏。"巴人还撰写了《〈鲁迅全集〉总目提要》并发表在《文艺阵地》第一卷第 3 期上。"提要"分著述之部和翻译之部两大部分,对全集二十卷作了提纲挈领、准确精要的介绍。另外,巴人还帮助许广平对《鲁迅全集〈编校后记〉》作了修改和润色。巴人还对已出版的《鲁迅全集》作了有关修订说明。《全集》普及本于 1938 年 6 月 15 日全部出版完成,精装本于 8 月 1 日出齐。毛泽东在陕北的一箱精装本《鲁迅全集》就是从武汉由周恩来转运过去的。巴人还托骆宾基给在家乡义乌从事革命活动的冯雪峰带去一套全集。胡愈之曾说过,"这部 600 万字原著的编辑工作,他(指巴人)是出力最多的"(朱顺佐,金普森,1991)。

那个时期的巴人,生命中迸发出惊人的热力与能量,他在民族危亡之际,为《鲁迅全集》的出版,为唤醒国魂、砥砺士气,在中国现代文学史上铸就了金石之功。

第三节　文艺副刊《爝火》《大家谈》的"鲁迅风"

一、扛起捍卫鲁迅杂文的大旗

五四运动后,在各种思潮纷至沓来的迷雾中,鲁迅的作品,犹如一盏盏明灯,照亮着巴人的求索之路,鲁迅成为他最崇仰、遵从的导师。

在鲁迅留下的文化遗产中,最富于战斗性、时代性的,自然是社会批评和文明批评的杂文。用日本的厨川白村的话来说,就是"文艺的本来的职务,是在作为你文明批评社会批评,以指导向导一世"(厨川白村,1988),同时以此来主动参与现代变革,暴露中国人的精神痼疾,表现内在精神。鲁迅要求杂文通过批评促进国民的思想启蒙和社会改造。他所希望的杂文家应当是寓批评、改革、理想于一体，否定是为了肯定，是为了保护新兴的、积极的、前进的社会因子得到更好的发展，他注重的不是"为艺术而艺术"的纯文学，而是直接指向现实、指向人生，注重"对他人和自我内在真实（精神存在）的深度揭示"（汪卫东，2012）。巴人深刻领会了鲁迅对于杂文的要求，并自觉继承了鲁迅的、杂文的精神。巴人在"孤岛"奋斗的另一业绩，便是捍卫和弘扬"鲁迅风"杂文。他是第一个最鲜明地扛起捍卫鲁迅杂文大旗的人，肯定了鲁迅杂文对现实社会的意义和艺术上的极高成就（戴光中，2002）。

1938年巴人受党组织委派，参加上海文化界救亡协会工作，时任宣传部部长是胡愈之，秘书长是巴人。后中共江苏省文委成立，巴人是文委成员，负责人是沙文汉、孙冶方。那时，因日寇占领上海，大批文艺工作者撤离上海，巴人和留下的部分同志进入租界，坚持斗争，开展了轰轰烈烈的文化救亡运动，极大地鼓舞了民众的抗日热情，这就是所谓的"孤岛"时期。除了编辑出版鸿篇巨著《鲁迅全集》，巴人在报刊上的成就也是非常突出的，尤其是在报刊上发表的杂文既快又好，这一年他发表的杂文有400多篇。他的文章常令敌人暴跳如雷，让人民则欢欣鼓舞。

二、《译报·爝火》上的笔耕不辍

《译报》以洋商名义出版，实际上是中共江苏省委文委的机关报，同时也得到八路军上海办事处的支持和指导。其本埠新闻由戴万平主编，国内新闻由梅益主编，国外新闻由杨帆主编，文艺副刊《爝火》和《大家谈》则由巴人负责主编。这两个副刊以时评、通讯、杂文为主，以"孤岛"上海的现实社会为主要内容，读者对象为店员、职员、青年学生、教员、市民等。巴人用行者、八戒、只眼、古柏等笔名，撰写了大量的杂文与时评，以及指导青年、读者学习、进步的文章。从1938年的5月1日到6月27日，巴人几乎天天都有杂文在其主编的《译报》文艺副刊《爝火》上发表，有时甚至是一天刊登多篇，总计大概发表了 70 来篇文章。

三、《译报·大家谈》上的高产斗士

巴人在《译报·大家谈》上刊登的杂文数量则更多。据统计，从 6 月 28 日到 10 月 18 日，他以八戒、阿三、巴人等笔名一共发表了 138 篇杂文。其中有很多天单日发表文章 3 篇以上，足见其勤奋的程度。他以时不我待、舍我其谁的姿态，投入到文艺副刊为抗战文艺服务的工作中。据统计，他有 9 天是单日发表 3 篇文章的。

国难当头，万家墨面，除了汉奸投降派之外，谁都处在水深火热之中。战斗的杂文，既要带领大家杀出一条血路，也要在战斗的空间有点休息。这也就是巴人的杂文既有怒不可遏、冲锋陷阵的一面，有时也有"油滑""有趣"的一面。这与当时的恶劣斗争形势有关。比如，胡仲持在沉重的生活担子和复杂的斗争形势下，导致严重失眠、情绪崩溃，巴人就像哄孩子一样，教他打牌、做游戏，故意让他放松思想、解除烦恼。因此，巴人的杂文中出现一点点所谓的"油滑"的瑕疵，也是完全可以理解的。

事实上，关于巴人的杂文，鲁迅在世时是有评价的。鲁迅在病重时曾和冯雪峰谈到巴人发表在《立报·言论》上的《祝高尔基与鲁迅健康》一文，指出："躺在床上看报，看了王任叔的文章……他说高尔基的憎，是伟大的憎；这句话是确实的。不能只说爱是伟大的，憎也是伟大。对敌人憎，对阶级敌人的憎，像高尔基似的……"（冯雪峰，1952）这就是思想巨人鲁迅对巴人的杂文的评价。在"孤岛"上海，有位读者给正在主持《译报·大家谈》的巴人写信，信中说"个个中国人所要说的，也就是先生所要说的"，并称巴人是"打鬼的钟进士"。这也是广大读者对巴人杂文所产生的社会效果的总体评价（王欣荣，1991）。

第四节 "孤岛"时期主笔《申报·自由谈》

一、抗战公共言论空间构建中的杂文表达

《申报》是近代中国产生较早的商业报纸,也是近代中国发行时间最长、影响最大的报纸之一。自 1872 年以来,《申报》对报刊言论空间的把握多以盈利为尺度,鲜有过激之论。然而从 1931 年《申报》开展 60 周年纪念活动起,变革开始酝酿,尤其是九一八事变后,《申报》改革的步伐加快,其中主要一个方式就是对副刊《自由谈》的改版。当时的主编黎烈文为搭建公共言论平台作出了富有成效的探索,为"孤岛"时期的《自由谈》在舆论场域的精彩登场奠定了基础。1938 年 10 月 10 日,《申报·自由谈》复刊,巴人出任主编。他(1938)在《复刊献词》中说道:

历史规定了中国革命的任务,同时历史也指明了中国抗战的前途。但在中国革命任务没有完成,中国抗战的胜利没有获得之前,我们还得努力去寻求"完成"这"获得"的必要条件。这不是一句口号,一个令所能为事的。必须人人殚精竭虑自由地贡献各种意见与主张,以备采择施用,而求达到目的。我们就想在这小小的篇幅里,负起这一个小小的任务。

他最后表明"这里不是什么文化禁地","欢迎一切作者来扶持指教",并指出,只要不违背民族国家的利益,没有其他禁律。他明确表明办刊的方针:一是为了抗战的胜利出谋划策、贡献自己的意见;二是编辑没有思想成见,不论文艺派别,是包容且自由的;三是无论何种意见、何种派别,

都不能违背民族国家的利益。当时正处在抗战全面爆发的第二年,民族国家利益就是坚持抗战到底、赢得民族解放。

在担任副刊《自由谈》主编的20多天中,巴人身体力行,以巴人、白屋等笔名刊登了10多篇杂文,对妥协、投降的行为进行了批判和反击。在这些文章中,巴人大多以杂文的笔法来阐明自己的观点。

二、关于"鲁迅风"的论争

1938年10月19日,正在编辑《申报·自由谈》的巴人,编发了纪念鲁迅逝世2周年的专刊,他刊登了《超越鲁迅——为鲁迅逝世二周年纪念作》,署名为"编者"。他在文章的开头部分这样写道:

《自由谈》复刊没到十天,而鲁迅先生逝世两周年纪念又临在我们的面前了。人们都知道《自由谈》和鲁迅先生的关系,编者接编《自由谈》以来,朋友间首先给我的批评和意见是"应该多登些鲁迅式的杂感文字"。

……

鲁迅的精神固然是部分地活在人们的心里,但鲁迅的艺术的战斗力,却没有看到活在后一代人的笔端,这是谁的过错呢?

他还写道,学习鲁迅,并不是为了"追随"或"并驾",而是为了"战取鲁迅",鲁迅的"一切刻苦的精神,这一切战斗的手法,都是我们学习鲁迅、战取鲁迅的必要条件。而不畏强权,不避强敌,不依附于豪贵而歪曲事实,敢说,敢笑,敢作,敢为,以服务的精神,投身于事业,学问,民族,国家,那将总有一日,以我们自己的力量,继之以我们的子孙的力量,而超越鲁迅!"

同一天,阿英在他自己主编的《译报·大家谈》上也编发了鲁迅逝世二周年的纪念专刊,并以"鹰隼"为笔名,发表了题为《守成与发展》的纪念文章。阿英批评、讽刺了写"鲁迅风"杂文的巴人等人，但没有点名，只用"有人"来代替：有人在"抽抽乙乙"作"碎感"。巴人看了这篇文章后，立即作出了反击，在20日的《申报·自由谈》上发表了题为《"有人"在这里》的文章，针对阿英的观点进行反驳论辩。而后，阿英又撰写《题外文章》作论争，发表在21日的《译报·大家谈》上。

如果说对鲁迅杂文的重新评估是这场论争的恶实质性的历史焦点和基本前提，那么对鲁迅风杂文的评估，则是这场论争的直接的、现实的焦点。阿英认为，"鲁迅风"杂文模仿鲁迅的风气太盛，对发展前途是有害的，应该表示抗议。巴人在分析论争的中心点时指出，"一方面认为，中国业已抗战，世界已经光明，'讽刺的时代已经过去了'，鲁迅风的杂文要不得；迂回曲折、晦涩、苍凉，这不过是无聊文人的搦笔杆。而另一方面，则认为'讽刺的时代'并没有过去，且限于上海当前环境，为求文字可以发表，或更增加一些艺术的暗示力量，就是迂回曲折一点，也无妨，鲁迅风的杂文还须提倡"。当时的中共江苏省委文委书记孙冶方，针对这次鲁迅风杂文的论争，在《译报周刊》上发表题为《向上海文艺界呼吁》的文章。他表示，我们"希望有更多的人来学习鲁迅，我们希望我们的文艺家能以鲁迅先生一样的泼辣、尖刻的笔来画出侵略者、汉奸、托派、妥协者的丑脸，我们不仅需要《阿Q正传》这样的小说作品，而且需要鲁迅风的杂文。我们深信，鲁迅先生的杂文的意义，决不能以孤岛的特殊环境为限。这种风格的杂文，诚如枳敬先生所说的一种'白刃战斗中最厉害的工具'。只要社会上还需要有革命家存在的时候，鲁迅风的杂文终将成为革命家手中的一种有力武器"。

半个世纪后，唐弢在《点滴集》序言中写道："事实终于证明：不仅'孤岛'上海需要杂文，便是大后方重庆、昆明、桂林也需要杂文，不是直接明快的杂文（因为那不可能发表），而是迂回曲折的杂文，隐约晦涩的杂文，一句话，'鲁迅风'的杂文。"

这场始于1938年10月19日关于"鲁迅风"杂文论争，一直到同年

12月28日才停止，历时69天。这场论争的基本原因在于对抗战时期的现实和形势认识的不同，因而对"鲁迅风"兴起的认识的不同所致。关于这一点，巴人（1941）在论争结束两年后分析道：

> 一九三八年入春以来，上海是个极端黑暗的无文化的地带，之后有一家《文汇报》出现了。不久就得到广大的读者的拥护。它的副刊的编者，是对于鲁迅先生的杂文及其爱好的读者柯灵先生。他首先在那副刊上划出一个地位，每天登载一篇短短的五百字左右的杂文。主要的作者，是唐弢、周黎庵、文载道、周木斋诸先生，笔者也偶附骥尾。但这些杂文的产生，不仅由于编辑和作者的爱好，主要原因却在于那时的上海，耳闻不见的，大都是气死人的事；英勇的抗战的画面，绝少看到了，积极的抗战作品无法产生，且由于抗战情绪的高涨，日常琐碎的生活，已引不起作者的注意；于是，拿起投枪，
>
> 向日寇（原文为××）袭去，大致是自然的。这风气之后（约在九、十月间），在《译报》的《前哨》和《大家谈》上，也传染了。《申报》复刊后，《自由谈》上，也经常有一篇杂感式的短评。其间，还因为《世纪风》编者的发起，编了一本杂文合集：《边鼓集》。因之，引起了一些人的不满意，论争起来了。

在这场论争中，巴人固然有感情用事的不足，但却表现了他既能坚持原则、胸怀坦荡、嫉恶如仇，又能求同存异、顾全大局。对参与论战的同一阵营的同志，他能尽释前嫌，协同作战。通过这场论战，巴人以对鲁迅深刻的理解和崇高的敬仰，以及无私无畏的战斗胸怀，高度评价了鲁迅杂文的思想和风格，捍卫了鲁迅精神，继承和弘扬了鲁迅的战斗传统，并使

鲁迅的精神在伟大的抗战中发扬光大。这在鲁迅研究史、新文学史以及抗战文化史上，都是光彩夺目的一页。

三、创立《鲁迅风》杂志

关于"鲁迅风"论争持续了一个阶段，双方各持己见。争论是需要地盘的，巴人虽然担任《申报·自由谈》的主编，但杂志的老板并不支持他们的论争，认为这不是杂志的办刊传统。巴人他们觉得有必要自己创办一个杂志，用来旗帜鲜明地坚持"鲁迅风"，于是干脆将杂志名称取名为《鲁迅风》。就这样，《鲁迅风》于1939年1月11日创刊。巴人在创刊词中写道：

我们景仰鲁迅先生，那是无用多说的。高天之下，厚地之上，芸芸众生，景仰鲁迅先生者，何啻万千。我们不过是万千人中的少数几个，我们知道鲁迅先生并不深，偶拈片羽吉光，即觉欣然有得，其实还是一无所知，这是学识所限无可如何的。……

谁都知道我们应该学习鲁迅先生的斗争精神，这该是自明之理，无须我们唠叨。然而我们将怎样来接受这一份遗产，沿着鲁迅先生所走过的、所指示的路走去，这是我们日夜悼思而企求着的。

为第一期《鲁迅风》写文章的，都是当时"孤岛"的著名文化人士。具体有景宋的《〈鲁迅风〉与鲁迅》、唐弢的《鲁迅的杂感》、石灵的《圣诞树》、关铭的《偶语两则》、江浙离的《街头杂写》、执芳的《红姑娘》、文载道的《岁寒漫笔》、柯灵的《逆旅》。

在"孤岛"上海出版《鲁迅风》，提倡鲁迅的战斗精神，也并不是容易的事。除了同志间的误解外，还要提防敌人上门找麻烦。所以，《鲁迅风》的发起人并不是巴人，而是在办小报的冯梦云，编辑叫来小雍。这两位先生与当时"工部局警务处"的人熟悉，能承担起这个责任，真的是难能可贵。

第五节　文学理论大厦的奠基与构建

一、《文学读本》及续编

巴人的撰写的《文学读本》于1940年5月出版，出版社为上海珠林出版社。该书一共分为四篇，分别为文学是怎样产生的、文学是什么、文学的特质、文学的创造。同年11月，出版了《文学读本续编》，一共分为三篇，分别为文学的风格及其流派、文学的种类与形态、新文学的诸问题。篇末附作者于1940年5月21日撰写的后记。

《文学读本》和《文学读本续编》，是中国现代文艺理论史上，具有广泛影响的文学理论专著，是巴人构建文学理论大厦的奠基之作，也是中国现代文论史的重要基石。国内许多文艺工作者，尤其是青年文艺工作者，都将这本专著作为文学理论的启蒙教科书，用来指导自己的创作。后来，这本书也流传到国外，新加坡当局因为续编引用了毛泽东同志的《新民主主义论》，而将它列为禁书，但是这也无法阻止它拥有更多的读者。中华人民共和国成立后，该书不仅成为青年文艺工作者的必读书目，而且还被一些大专院校列为教授文艺学时的蓝本或必读参考书。该书出版9年后，巴人从印尼到香港再到北京，应出版社的要求，作了修订，将续集一起合编，改名为《文学初步》，于1950年1月由上海海燕出版社出版第一版。接着，同年4月由上海新文艺出版社印刷发行新一版，到1952年8月，已印刷发行到新四版。在三年多时间里,海燕和新文艺两家出版社共印刷发行了七版,销售速度之快、需求之大,在文学理论著作中是少见的。主要原因在于:

第一,该书对文学基本问题的正确立论。巴人以马克思主义的基本理论观点阐释了文学的基本问题,批驳了西方资产阶级和其他资产阶级文艺的种种谬说。提出,艺术文学有独立发展活动的领域的特征,文学艺术依存于物质世界的生产方式,文学是产生于作者生活实践过程,等等(袁少杰,1994)。

第二,该书具有鲜明而丰富的民族特色。这一特色体现为两个方面:一方面,是以马克思主义文论观评述了中国文论思想,对中国传统文论思想观点几乎在所有章节中都有引证和论述。从"言志""载道"到五四时期"人的文学""平民文学",直到当下的"抗战文学",上下几千年,都纳入了他的论述中,分析客观、深刻、到位。许多理论、文学发展规律,是从分析大量的中国文学现象、文学思潮、文学作品中得出的结论。从《诗经》《楚辞》到鲁迅、郭沫若、茅盾,直到现时代的张天翼、姚雪垠等人的作品,包罗万象,而且他特别注重引用鲁迅的作品、提炼鲁迅的文艺思想。另一方面,他从中国文学作品、文学现象的大量引证分析出发,总结文学发展演变的规律。从先秦到现当代,重要的文学代表人物几乎都涉及了(袁少杰,1994)。

第三,该书吸收、借鉴和评介了国外的文学理论和文学思潮,尤其以西方为主,大量引用了西方许多著名作家的作品。这些理论和观点,不仅是著作本身重要的组成部分,也是当时的文学青年们了解西方文学理论、思潮的读本。

第四,该书反映新文学的产生、发展以及文艺思潮、文艺思想斗争的现代性与现实意义。在抗战文艺思潮、文艺理论的分析评价中,巴人首先把政治上的统一战线的理论和实践,作为对抗战文艺认识的重要社会背景问题。他更深入地指出,抗战的民族意识是通过阶级意识而具现的,从而强调了抗战的主导力量，批评了用民族矛盾抹杀阶级矛盾的倾向，同时也指出，抗战的文艺创作，也不是以一个阶级的文艺——例如无产阶级的文艺去代替了抗战文艺，它应该是多样的统一（袁少杰，1994）。

第五，该书具有较为完备的科学系统性。全书共七篇，比较系统地诠释了文学理论的基本问题。比如：他通过语言艺术、形象性、典型性、思想性等几个文学最主要的特征，去阐述文学的特质；紧紧围绕关于形象的塑造与描写，去阐述文学的创造：怎样写，人物的类型、形象的对立、对照与补充，肖像与环境描写、情节结构等。全书的科学系统性，反映了巴人具备的深厚的文学史知识、文论基础和开阔的理论视野。从哲学、社会学到文学理论，从创作经验到文学理论，从中外传统的文学观点到现代文学理论，不是一般的文学工作者所能做到的（袁少杰，1994）。

二、《扪虱谈》和《窄门集》

1937年7月世界书局出版了由郑振铎、巴人、孔另境共同主编的《大时代文艺丛书》，全书约13.5万字，共收录文艺评论文章15篇，巴人的《扪虱谈》是其中之一。《窄门集》1941年5月由香港海燕书店出版，全书共收录巴人的文艺评论文章20篇，这些文章大多曾在《文艺阵地》《文学》《文艺新潮》《上海周报》等报刊上发表，体现了巴人当时最新的文艺观点和文艺研究成果。

《扪虱谈》和《窄门集》这两本文艺论集和这个时期的其他文艺论文所涉及的主要有以下几方面的核心价值：

首先，是热切地、执着地为抗战服务。对于文学反映社会生活，描写的对象、典型以及文艺的口号、理论与主张，无论是国内的还是国外的，凡是偏离或歪曲抗日的，都予以指出；对于汉奸、敌人，则一概予以猛烈的抨击。巴人指出，当前中国大众文学的主要内容是反封建的民主主义文学，它以殖民地人民大众的立场，来观照抗战现实的每一个角落，予以批判和赞扬、抨击和发扬、无情地暴露和热情的高歌的一种文学。

其次，是抗战文学的阶级性问题。巴人指出：说抗战文艺是没有阶级性的文艺，那是非常空洞而无聊的话。我们应该说，它是以大多数的阶级利益为前提，而归趋于被压迫民族的利益的争取而努力的。而在国际关系中，我们整个民族也是被压迫阶级，抗战文艺应该是这两种阶级任务的统一发挥。在抗日民族统一战线中，放弃了文学的斗争的任务，那就在本质上取消了文学。（袁少杰，1994）

最后，是抗战文学的人道主义问题。这是与抗战文学阶级性最为相关的一个问题。日本侵略者，一方面进行残暴血腥的屠杀，另一方面又祭起文学形象的人道主义破旗，来掩盖他们滔天的罪行。如，火野苇平的《麦与兵队》就是在这样一个目的下写成的，必须予以揭露和批判。

巴人文学理论大厦的构建，是以他的文学创作实践和文学批评的实践为基础的。他的一生创作了大量的文学批评文章，到了"孤岛"时期，随着世界观、文艺观的发展，而达到了一个全新的更高的水平，表现出独有的风格特色。

巴人一生的经历跌宕起伏，经历了东渡日本、大革命、北伐战争、创建左联、星洲抗争、横遭批判等，但在其不平凡的人生乐章里，编辑出版自始至终贯穿其中，尤其是在"孤岛"时期作为文化界巨擘，以其惊人的天赋与勤奋、才华与勇毅，为中国文艺的现代化作出了杰出的贡献。

参考文献

[1] 巴人.四年来上海文艺[J].上海周报，1941,4（7）.

[2] 程秋云.抗战小说人物论——以《文艺阵地》为中[J].名作欣赏,2021(4).

[3] 厨川白村.苦闷的象征·出了象牙塔[M].鲁迅,译.北京：人民文学出版社，1988.

[4] 蔡清富.草鞋脚[M].长沙：湖南人民出版社，1982.

[5] 石玉翎,文中言,宋光智,等.版画[M].北京：清华大学出版社，2005.

[6] 戴光中.巴人传略[J].新文学史料，2002（3）.

[7] 戴光中.天童寺史话[M].北京：社会科学文献出版社，2016.

[8] 戴仁.上海商务印书馆1897—1949[M].北京：商务印书馆，2000.

[9] 方凡人.巴人传[M].长沙：湖南文艺出版社，1997.

[10] 费冬梅."沙龙"概念的引入和兴起[J].社会科学论坛，2015（6）.

[11] 傅小北,杨幼生.唐弢研究资料[M].北京：知识产权出版社，2010.

[12] 冯春龙.中国近代十大出版家[M].扬州：广陵书社，2005.

[13] 冯雪峰.回忆鲁迅[M].北京：人民文学出版社，1952.

[14] 戈公振.中国报学史[M].济南：山东画报出版社，2019.

[15] 国家图书馆.近代著名图书馆馆刊荟萃[M].北京：国家图书馆出版社，2003.

[16] 郭伶俐.《朝花》期刊对中国木刻艺术的贡献[J].湖南工程学院学报（社会科学版），2016（4）.

[17] 郭沫若.学生时代[M].北京：人民文学出版社，1979.

[18] 郭玮．宁波帮与中国近现代报刊业 [M]．宁波：宁波出版社，2017．

[19] 顾征南．和楼适夷先生相处的日子 [M]// 上海鲁迅纪念馆，人民文学出版社．楼适夷同志纪念集．北京：人民文学出版社，2005．

[20] 郝振省．中国近代编辑出版史 [M]．杭州：浙江教育出版社，2020．

[21] 汉民．上海画报：286 期 [N].1927-10-24．

[22] 何霞，周小兰．早期"左联"的组织与传播——以《前哨·文学导报》"附记"为中心 [J]．淮阴工学院学报，2017（2）．

[23] 黄健．"两浙"作家与中国新文学 [M]．杭州：浙江大学出版社，2008．

[24] 黄伟经．"工作着是幸福的"——楼适夷书简兼记与他的交往 [M]// 上海鲁迅纪念馆，人民文学出版社．楼适夷同志纪念集．北京：人民文学出版社，2005．

[25] 蒋成德．中国现代作家型编辑家研究 [M]．北京：中国文联出版社，2014．

[26] 蒋光慈．关于编辑室 [J]．拓荒者，1930,1（2）．

[27] 蒋天佐．任叔同志逝世十周年祭 [M]// 巴人先生纪念集．北京：人民文学出版社，2001．

[28] 林达祖，林锡旦．沪上名刊《论语》谈往 [M]．上海：上海书店出版社，2008．

[29] 刘俐娜．出版史话 [M]．北京：社会科学文献出版社，2011．

[30] 李秀卿．革命文艺的拓荒者楼适夷 [M]．成都：四川大学出版社，2012．

[31] 李秀卿．1933：楼适夷与鲁迅 [J]．名作欣赏，2012（8）．

[32] 李瑊．上海的宁波人 [M]．北京：商务印书馆，2017．

[33] 林淇．海上才子：邵洵美传 [M]．上海：上海人民出版社，2002．

[34] 梁启超．中国近三百年学术史 [M]// 梁启超论清学史二种．梁启超，朱维铮，校注．上海：复旦大学出版社，1985．

[35] 梁启超. 清代学术概论 [M]. 宋伟杰, 译. 北京: 人民出版社, 2008.

[36] 刘禾. 跨语际实践 [M]. 北京: 生活·读书·新知三联书店, 2002.

[37] 李南桌. 广现实主义 [J]. 文艺阵地, 1938 (1).

[38] 杨义, 李今. 二十世纪中国文学翻译史 (三四十年代. 俄苏卷) [M]. 天津: 百花文艺出版社, 2009.

[39] 刘纳, 卓如, 汪晖. 唐弢纪念文集 [M]. 北京: 社会科学文献出版社, 1993.

[40] 楼适夷. 纯洁的友情 [M]// 国家图书馆. 近代著名图书馆馆刊荟萃. 北京: 北京图书馆出版社, 2003.

[41] 楼适夷. 修人, 不朽的一生 [M]// 适夷散文选. 北京: 人民文学出版社, 1994.

[42] 楼适夷. 书报介绍 [M]// 国家图书馆. 近代著名图书馆馆刊荟萃. 北京: 北京图书馆出版社, 2003.

[43] 楼适夷. 记"左联"的两个刊物 [M]// 左联回忆录 (上). 北京: 中国社会科学出版社, 1982.

[44] 楼适夷. 茅公和《文艺阵地》[M]// 《文艺阵地》第 1～2 卷, 上海书店影印本, 1983.

[45] 楼适夷. 编后记 [J]. 文艺阵地, 1939, 4 (8).

[46] 楼适夷. 编后记 [J]. 文艺阵地。1939, 3 (12).

[47] 楼适夷. 编后记 [J]. 文艺阵地, 1939, 2 (12).

[48] 鲁迅. "论语一年" [M]. 鲁迅全集: 第 4 卷. 北京: 人民文学出版社, 1982.

[49] 鲁迅. 我对于《文新》的意见 [N]. 文艺新闻, 1932-05-16 (1).

[50] 鲁迅. 鲁迅日记: 上卷 [M]. 北京: 人民文学出版社, 1976.

[51] 鲁迅. 为翻译辩护载 [N]. 申报·自由谈, 1933-08-20.

[52] 鲁迅. 为了忘却的记念 [M] // 鲁迅全集：第四卷. 北京：人民文学出版社，2005.

[53] 鲁迅. 致章廷谦 [M] // 鲁迅全集：第12卷. 北京：人民文学出版社，2005.

[54] 鲁迅. 鲁迅全集：第四卷 [M]. 北京：人民文学出版社 1981.

[55] 鲁迅. 二心集 [M]. 北京：人民文学出版社，1970.

[56] 林伟. 唐弢评传 [M]. 沈阳：沈阳出版社，2019.

[57] 林伟. 唐弢年谱新编 [M]. 杭州：浙江大学出版社，2016.

[58] 李勇军. 再见，老杂志 [M]. 北京：北京工业大学出版社，2010.

[59] 刘勇，邹红. 中国现代文学史 [M]. 北京：北京师范大学出版社，2006.

[60] 马克斯·韦伯. 学术与政治 [M]. 冯克利，译. 上海：生活·读书·新知三联书店，1998.

[61] 茅盾. 关于"左联" [M] // 左联回忆录（上）. 北京：中国社会科学出版社，1982.

[62] 茅盾. "左联"前期——回忆录（十二）[J]. 新文学史料，1981（3）.

[63] 茅盾. 在香港编《文艺阵地》——回忆录（二十二）[J]. 新文学史料，1984（1）.

[64] 茅盾. 八月的感想 [J]. 文艺阵地，1938,1（9）.

[65] 梅孙. 血的教训——悼二月七日的我们的死者 [J]. 前哨，1931，1（1）.

[66] 缪立新.《文艺阵地》：抗战时期最有影响的文学刊物 [EB/OL].（2015-09-18）[2023-10-15]. https://www.jsw.com.cn/2015/0918/1277404.shtml.

[67] 南志刚. 宁波现代作家研究 [M]. 北京：海洋出版社，2010.

[68] 南志刚. 浙东文化与秦晋文化比较研究 [M]. 杭州：浙江大学出版社，2017.

[69] 强英良. 谈朝花社的设立与倒闭 [J]. 鲁迅研究月刊，2002（8）.

[70] 任和君. 记者往事 [M]. 宁波：宁波出版社，2003.

[71] 柔石. 柔石日记［M］// 柔石选集. 北京：人民文学出版社，1986.

[72] 邵绡红. 我的爸爸邵洵美 [M]. 上海：上海书店出版社，2005.

[73] 邵洵美. 我们的话 [J]. 狮吼（复活号），1928（1）.

[74] 邵洵美. 一位真正的幽默作家 [J]. 论语，1936（84）.

[75] 邵洵美. 编辑谈话 [J]. 自由谭，1938（2）.

[76] 邵洵美. 编辑谈话 [J]. 自由谭，1938（3）.

[77] 生生. "金屋"中的书 [N]. 上海画报：332 期，1928-03-15.

[78] 盛佩玉. 盛氏家族：邵洵美与我 [M]. 北京：人民文学出版社，2004.

[79] 适夷. 编后记 [J]. 文艺阵地，1938，2（1）.

[80] 施威，刘青，曹成铭. 近代编辑技术的形成、演进及其历史价值 [J]. 编辑之友，2015（11）.

[81] 宋应离，袁喜生，刘小敏. 20 世纪中国著名出版家研究资料汇辑：第 4 辑 [M]. 开封：河南大学出版社，2005.

[82] 唐弢. 中国现代文学史（二）[M]. 北京：人民文学出版社，1979.

[83] 王艾村. 柔石评传 [M]. 上海：上海人民出版社，2002.

[84] 外村史郎. 解题 [M]// 苏联共产主义学院文艺研究所. 科学的艺术论. 适夷，译. 北京：生活·读书·新知三联书店，1950.

[85] 王灿发. 孤岛时期的《申报·自由谈》[J]. 编辑思想研究，2006（1）.

[86] 王嘉良. 浙江 20 世纪文学史 [M]. 修订版. 杭州：浙江大学出版社，2009.

[87] 王嘉良. 辉煌"浙军"的历史聚合：浙江新文学作家群整体透视 [M]. 北京：中国社会科学出版社，2009.

[88] 王建辉. 思想文化史上的近代出版 [J]. 武汉大学学报：哲学社会科学版，1999（1）.

[89] 王京芳. 邵洵美和他的出版事业 [D]. 上海：华东师范大学，2007.

[90] 王鹏飞. "孤岛"文学期刊研究 [M]. 北京：社会科学文献出版社，2013.

[91] 王鹏飞，乔晓鹏. 中国出版家：张静庐 [M]. 北京：人民出版社，2022.

[92] 王任叔. 文学初步 [M]. 上海：海燕书店，1950.

[93] 王任叔. 鲁迅先生的艺术观 [J]. 文艺阵地，1938，2（1）.

[94] 王任叔. 复刊献词 [J]. 自由谈，1938（1）.

[95] 王欣荣. 王任叔巴人论 [M]. 北京：文化艺术出版社，1991.

[96] 王得后. 论重译 [M]// 鲁迅杂文全编（下）. 李庆西，注. 西安：陕西师范大学出版社，2006.

[97] 王向远. 翻译文学导论 [M]// 王向远著作集（第八卷. 翻译文学研究）. 银川：宁夏人民出版社，2007.

[98] 汪卫东. 鲁迅杂文：何种文学性？[J]. 文学评论，2012（5）.

[99] 吴秀明，戴燕. 政治意识形态语境中的人道主义写作——论柔石小说在左翼文学发展史上的地位 [J]. 中国文学研究，2003（1）.

[100] 吴永贵. 民国出版史 [M]. 福州：福建人民出版社，2011.

[101] 夏慧夷. 近代浙江出版家群体研究 [M]. 杭州：浙江大学出版社，2014.

[102] 肖向明，杨林夕. 世纪回望：中国文化现代转型时期的文学演进 [M]. 广州：中山大学出版社，2015.

[103] 徐晓虹. 宁波红色文化 [M]. 宁波：宁波出版社，2019.

[104] 徐訏. 论语周年话白卷 [J]. 论语，1947（142）.

[105] 绡红. 黄苗子、郁风夫妇及丁聪谈邵洵美往事 [J]. 新文学史料，2006(1).

[106] 啸一. 集纳正名 [N]. 文艺新闻，1932-06-20（6）.

[107] 玄珠. 浪漫的与写实的 [J]. 文艺阵地，1938.1（1）.

[108] 熊杰. 认同焦虑中的断零体验——解读《霜叶红似二月花》中的现代性 [J]. 忻州师范学院学报，2009（1）.

[109] 萧乾. 未带地图的旅人：萧乾回忆录 [M]. 北京：中国文联出版公司，1991.

[110] 袁少杰. 巴人评传 [M]. 沈阳辽宁大学出版社，1994.

[111] 杨义，中井政喜，张中良. 中国现代文学图志 [M]. 北京：生活·读书·新知三联书店，2009.

[112] 袁新洁. 近现代报刊"文人论政"传统研究 [M]. 南昌：江西人民出版社，2009.

[113] 熊复，张定华. 中国抗日战争时期大后方出版史 [M]. 重庆：重庆出版社，1999.

[114] 张积玉，罗建周.《文艺阵地》与 20 世纪 40 年代的中国文学批评 [J]. 甘肃社会科学，2009（4）.

[115] 张积玉，赵林.《语丝》周刊与中国现代知识分子言说空间的偏离 [J]. 海南大学学报：人文社会科学版，2008（1）.

[116] 张静庐. 在出版界二十年 [M]. 西安：西北大学出版社，2019.

[117] 张明理. 柯灵评传 [M]. 北京：中国社会科学出版社，2008.

[118] 张如安. 浙东文化通论 [M]. 杭州：浙江大学出版社，2023.

[119] 张文莺. 民国宁波籍编辑家群体的文化贡献与文化精神 [J]. 宁波大学学报：人文社会科学版，2016（6）.

[120] 张文莺. 张寿镛编辑实践与编辑思想初探——以《四明丛书》为中心的考察 [J]. 中国出版，2014（3）.

[121] 张文莺，赵建科，朱梁亮. 近现代籍甬籍出版家与中国文艺现代化 [J]. 宁波教育学院学报，2024（2）.

[122] 张小鼎. 鲁迅著作出版史上的三座丰碑——《鲁迅全集》三大版本纪实 [J]. 出版史料，2005（2）.

[123] 郑伯奇. 小说三集 [M]// 赵家璧. 中国新文学大系（1917-1927）（第5卷）. 上海：上海良友图书印刷公司，1935.

[124] 周而复. 生无所息 [M]// 上海鲁迅纪念馆., 人民文学出版社. 楼适夷同志纪念集. 北京：人民文学出版社，2005.

[125] 周海波. 中国出版家：邵洵美 [M]. 北京：人民出版社，2018.

[126] 周为筠. 杂志民国：刊物里的时代风云 [M]. 北京：金城出版社，2009.

[127] 周兴华. 宁波帮志·文化卷 [M]. 北京：中国社会科学出版社，2009.

[128] 朱顺佐，金普森. 胡愈之传 [M]. 杭州：杭州大学出版社，1991.

[129] 祝秀侠. 现实主义的抗战文学论 [J]. 文艺阵地，1938，1（4）.

后　　记

　　拙著是宁波市文联2023年度文艺创作重点项目的研究成果，以近现代宁波籍编辑群体为中心，考察编辑出版行为之于现代新文学的意义，并不亚于从时代背景、政治因素和文学文本构成去审视文学。这个群体中的不少人，不仅是编者，同时还是著者，他们集文学的生产、助动和传播等角色于一身，使得编辑出版行为与文学活动互动热烈、互渗共生，极大地推动中国新文艺的发展。拙著撷取张静庐、唐弢、邵洵美、楼适夷、柔石、巴人等六位宁波籍近现代编辑，动态描述他们的编辑实践，分析他们为新文艺发展作出的特殊贡献，展现宁波籍新文艺编辑敢为天下先的创新精神、见利思义的文化自觉与责任担当、救亡图存的爱国情怀，融合爱国情怀、文艺格调、历史知识和生活趣味，努力做到既有近现代编辑出版业的宏阔背景，又有编辑们的生活空间与出版实践。

　　作为"半路出家"从事学术期刊出版工作的作者，近年来将研究目标聚焦在编辑学与地域文化结合上。拙著尽可能体现学术性与普及性兼具，希望既能为新文艺研究、近现代编辑学研究提供参考，亦可为地域文化研究者和爱好者提供新鲜的阅读体验。囿于篇幅，近现代宁波籍编辑未能在本书尽数呈现，如：儿童书局创办人张一渠，世界书局创始人魏炳荣，《小说月报》编辑丁景唐，商务印书馆的《新教育》主编蒋梦麟、《东方杂志》编辑张明养、《学生杂志》编辑杨贤江，等等，留待后续研究。

　　作者所在的宁波幼儿师范高等专科学校，为拙著提供优秀学术著作出版基金资助。在撰写过程中，宁波大学南志刚教授、周志锋教授、孙善根教授、戴光中教授、张如安教授、刘恒武教授等给予作者热情的指导和帮助；桂林文史研究者包捷军先生提供了宝贵的文献资料；宁波开放大学李毅飞老师提供了封面摄影素材作品。在此，作者一并表示衷心的感谢！

中国纺织出版社有限公司的关雪菁编辑、李文潇编辑为拙著的顺利出版付诸心血，在书稿内容和编校质量等方面给予严格把关与细心指导。作为编辑同行，在沟通交流的过程中，作者不仅提升了拙著的学术质量，也学习了她们一丝不苟的编校作风。在此，作者也向两位编辑致以深深的谢意！

张文鸯

2024 年 7 月 22 日